国菁教育调研书系

初中生实践能力调研报告

"中小学生实践能力研究"课题组　著

教育科学出版社
·北　京·

丛书编委会

（按姓氏笔画排序）

丛书总序

为打造具有国家水准、国际视野的教育科研成果，更好地服务于办好人民满意的教育，服务于全面建成小康社会，在中央级公益性科研院所基本科研业务费专项基金的支持下，我院系统开展了对国内国际重大教育理论与实践问题的研究，形成了"国情、国视、国菁、国际"四大书系。

"国情"书系以年度发展报告的形式，全面反映我国各级各类教育的成就、经验和挑战，对全国各省、自治区、直辖市教育发展和政策进行区域比较，对我国各级各类教育的发展水平进行国际比较，力求对我国教育的数量、规模、结构、效益和质量做出科学判断。

"国视"书系着眼于社会关注的教育热点问题，着眼于基础性、前瞻性问题，以了解事实、回应关切、提供政策建议为主要目的，探索教育发展规律。

"国菁"书系专门研究大中小学生的生活状态，涉及学校生活、家庭生活、社会生活、网络生活等，通过调查研究，了解当代学生的行为特点和思想情感，为研究如何促进学生的全面发展提供科学依据。

"国际"书系分为著作和译作两类，主要反映国际教育改革发展动态，回顾国际教育的历史进程，跟踪国际教育的改革动态，把握国际教育的发展趋势。

四大书系既各自独立又相互联系，在保持各书系特点的同时，力求做到：

一、"用数据说话"。数据是研究和决策的基础。四大书系力图建立在数据和事实的基础之上，通过对数据的搜集、提炼、整合、分析，发现问题，探索规律。

二、"通过比较说话"。没有比较就没有鉴别。书系力求通过国别比较、区域比较、类型比较、结构比较，发现真知，提供卓见。

三、"协同创新"。协同创新是提高创新效率和创新水平的战略要求。书系研究调动院内外、系统内外、国内外资源，注重人员交叉、学科交叉、方法交叉，力求有所创新、有所突破。

四大书系的编辑出版是我院全面提高教育科研水平的一项整体努力，也是建设国家一流教育智库的客观要求。在研究和写作过程中，书系得到了相关机构和同仁的大力支持，特别是得到了教育部相关司局及有关部委的大力支持，在此一并致谢！我们将以此为起点，不懈努力，为推动中国教育事业在新的历史起点上向前发展发挥不可替代的作用。

中国教育科学研究院
2012 年 12 月

目 录
CONTENTS

前　言

近十余年，世界范围内掀起了提高教育质量，注重培养学生能力的教育改革浪潮。为使学校教育能够更好地适应时代发展的需要，各国的基础教育课程改革在强调提高教育质量之际，纷纷将培养学生终身发展所需的能力作为一项重要内容，部分国家将学生基本的、关键的能力的培养贯穿于各个学科教学之中，使之成为核心的培养目标；部分国家在传统学科之外设置了培养学生综合应用能力的综合学习，或者培养与职业相关的关键技能的专门课程以及实践类课程；多个国际组织则重视构建超越学校教育，面向未来社会的关键能力的框架体系，将学生能力的发展作为衡量教育质量的关键指标。这些进一步引起了教育界对于培养学生能力更广泛的关注。

在我国，随着素质教育的推进与深化，注重培养学生能力的改革路线也日渐清晰。1999 年，《中共中央国务院关于深化教育改革全面推进素质教育的决定》明确指出，培养学生的创新精神和实践能力是素质教育的重点。这是根据世界发展的趋势和我国社会主义现代化建设的需要，针对现实教育的不足而提出的具有时代意义的战略决定。在 2010 年全国教育工作会议上，胡锦涛指出，"坚持以人为本，全面实施素质教育是教育改革和发展的战略主题，是贯彻党的教育方针的时代要求，核心是解决好培养什么人、怎样培养人的重大问题，重点是面向全体学生、促进学生全面发展，着力提高学生服务国家服务人民的社会责任感、勇于探索的创新精神、善于解决问题的实践能力"。随后《国家中长期教育改革和发展规划纲要（2010—2020年)》（以下简称《教育规划纲要》）的发布，将"坚持能力为重"确立为教育改革发展的战略主题之一，提出培养学生的"学习能力"、"实践能力"和"创新能力"。这是新中国成立以来首次明确地将能力培养提到如此高度。坚持以能力为重是素质教育应有之义，也顺应了面向学生终身发展的世界教育改革浪潮，更回应了国家在日益激烈的国际竞争中应对挑战的迫切要求。

可见，在国际国内教育改革中，如何培养学生的能力都是备受关注的重点课题。尤其是有应试教育倾向的我国教育，长期以来被诟病为重知识轻能力，"高分低能"更是常常被用来形容应试教育下培养出的学生。那么，我国学生的能力状况究竟如何？应该怎样提高学生的能力？基于上述国内外教育改革的背景以及回应这些深化改革需要解决的基本问题，本课题组将研究的核心内容确定为《教育规划纲要》提出的培养学生的"学习能力"、"实践能力"、"创新能力"中的"实践能力"，以初中学生为对象，调查我国中学生实践能力的实际状况，并针对学生实践能力培养过程中存在的问题提出对策建议。

由于实践能力的培养方式及标准的开放性，评价实践能力的指标和方式等要比评价学生对某个学科知识的掌握水平复杂得多，更需要从跨学科的视角甚至超越学校教育的视角出发来建构评价指标的框架与体系。目前我国相应的研究成果非常缺乏，需要在借鉴国际经验的基础上做出探索性的研究。通过对国内外理论研究以及国际上主要发达国家、国际组织关于核心能力（关键能力）的研究的梳理，兼对美国、欧洲、澳大利亚等国家和地区基于职业教育的基本技能（一般技能、核心技能、关键资格或综合职业能力）的研究的梳理，以及对于不同人群（公务员、企业高管、企业人力资源负责人、中小学校长、在校大学生等）的调查，形成了本课题实践能力的基本框架——将实践能力划分为解决问题能力、自我管理能力、沟通与合作能力和工具使用能力四个维度。

本研究的第一章主要围绕实践能力的内涵研究、框架与指标体系研究以及评价方法研究展开，并呈现了中学生实践能力的总体状况：中学生实践能力总体上中等偏强，其中工具使用能力最强，解决问题能力相对最弱，存在性别、城乡间的显著差异。我们发现，学校综合实践活动的开展状况、家庭教育中培养实践能力的观念与方式、父母的学历水平以及家庭经济状况等，都是影响学生实践能力发展的因素。

第二至第五章主要围绕我国中学生实践能力状况的分项调查研究展开。其中，第二章重点分析了学生解决问题能力的状况，研究发现学生提出和表征问题的能力不足，问题意识欠缺，学生间使用方法与策略的能力存在较大差距、调控解决问题过程的能力比较薄弱，并分析了相关的影响因素，从改进课程建设、教学方式、考试评价制度以及推进教育均衡发展等发面提出了相应的对策建议。第三章重点分析了学生自我管理能力的状况，研究发现学生独立生活能力普遍较强，但管理学习的能力整体较弱，强弱分化较明显，管理情绪的能力整体偏弱，能力差异较大，并从学校教育以及家庭教育的角度提出了增强学生生活管理、学习管理以及情绪管理能力的对策建议。第四章重点分析了学生沟通与合作能力的状况，研究发现中学生的沟通与合作能力与实践能力总体水平相对稍低，且学生之间差异也较大，多数学生具备较强的交往意愿、开放的心态，但交往的范围较小，交往心理不够成熟，多数学生具备较好的分工合作能力，但在活动中表现出的主体意识、自信心和责任意识还不够，并从保障机制、师生关系、家校教育环境等方面提出了对策建议。第五章重点分析了学生工具使用能力的状况，研究发现学生工具使用能力总体水平较高，其中学生信息技术工具使用能力最强，专用工具使用能力次之，基本工具使用能力最差，进而提出了完善政策——坚持能力为重，强化实践第一，完善课程设置和实施，转变教学方式和学习方式，提高学生信息技术工具使用能力和使用效率等。

第六章主要围绕提高实践能力的对策研究展开，综合学生实践能力的调查结果以及与家长、教师、学生的访谈中了解到的诸多影响学生实践能力的因素分析，我们从十个方面提出了对策建议：第一，要反思学校教育对学生实践能力的影响；第二，确立能力培养的战略地位，建立健全相关机制；第三，深化课程改革，加大生活类、实践类、综合类课程在国家、地方、校本三级课程管理中的建设力度；第四，推进课堂教学改革，切实转变学生学习方式；第五，改革考试评价制度，确立"能力发展"的导向，着眼学生的终身发展；第六，构建家庭、学校、社会三位一体能力培养模式，整合各类资源；第七，关注性别差异，因材施教，保证学生身心健康发展；第八，改革寄宿制度，人性化管理，促进学生的社会化；第九，加快新型城镇化建设，缩小城乡差距，推进教育公平，实现均衡发展；第十，加强对实践能力问题研究的力度，拓宽国际视野，学习借鉴，自主创新。

本研究在三个方面体现出了创新性。

首先是对于实践能力框架的构建。尽管实践能力是素质教育的重点内容，素质教育的全面推进亦有十余年，但是实践能力的内涵、外延等最根本的问题仍旧没有明确统一的界定，专门针对基础教育中实践能力的内涵、培养方式、评价方法的研究更是寥寥无几。而且，由于实践能力的提法在国际上不具有普遍性，因此难以找到可以直接借鉴的研究。克服诸多困难，本课题在实践能力的框架构建方面做了探索性的尝试，总结国际上相似研究的经验，结合国内相关领域对于实践能力的认识与判断，形成了由解决问题能力、自我管理能力、沟通与合作能力和工具使用能力四个维度组成的实践能力框架，各个维度下又各自划分出三个指标，共同形成评价实践能力的指标体系。

其次是对于评价实践能力方式的探索。由于实践能力具有实践性、动态生成性、习得性等特点，它在实践活动中形成和发展，并在实践活动中得到表现，因此评价实践能力的直接和根本方法就是让评价对象完成真实任务、解决实际问题，针对该过程中评价对象的表现，评估其实践能力的水平。这种评价通常应用于企业对员工的考核，却难以应用在调查研究中。因为，通过让学生完成真实任务的方式来评价学生实践能力虽在小范围内具有可操作性，却无法应用在较大范围的调查中。因此，本课题采用了自陈式量表的评价与相关能力表现类型、影响因素等的调查相结合的问卷调查并辅以访谈的方式，对学生的实践能力进行了评价与调查分析。

最后是对我国中学生实践能力的总体状况做了摸底，首次用量化的方式回应了我国中学生实践能力究竟如何的基本问题。目前，无论是国际上还是国内，对于学生的评价项目主要运用的是纸笔测验和问卷调查，而且主要是针对学生学业成就的测评和学习背景的调查。我们在积极应用既有的纸笔测验和问卷调查等测评方式的基础上，结合实践能力测评需要的实际做出了尝试，并获得了量化的结果，客观反映了我国中学生实践能力的基本状况，这将为学校教育和家庭教育在培养实践能力方面的相关决策提供重要的信息和依据。

第一章

实践能力研究与调查总论

一、实践能力指标体系的研究

《教育规划纲要》将"坚持能力为重"确立为教育改革发展的战略主题之一。这是新中国成立以来首次将能力培养提到如此高度，也是国家在日益激烈的国际竞争中应对挑战的迫切要求，是素质教育的应有之义。

由于传统教育的惯性和应试教育的长期影响，我国学生的实践能力培养一直受到严重制约，致使学生的实践能力远远不能满足社会的要求和学生个人成长的需要。与此同时，教育界对学生实践能力的系统理论研究十分欠缺，因此，对学生实践能力的实证研究也很难顺利展开。综上所述，该课题的研究具有重大的理论意义和实践价值。研究和整体把握我国学生的实践能力状况，是贯彻落实《教育规划纲要》的直接行动，目的是服务决策、指导实践、创新理论。

（一）国内外实践能力理论研究现状

对"实践能力"内涵的研究与理解，困难不在于"能力"，而在于"实践"。如何理解"实践"概念，事实上是对"人的本质"的理解。对此，哲学、教育学和心理学都有研究，特别是哲学。

1. 哲学对实践范畴的研究

在哲学领域，从亚里士多德以来，众多哲学家对"实践"范畴展开了研究，其中实践唯物主义对"实践"的理解具有权威性。

在亚里士多德看来，实践是与理论和创制相并列的一个范畴，主要包括政治和伦理活动。理论活动的特征是"沉思"，创制的目的在于"他物"，而实践的目的在于人本身。①

近代以来，实践的含义基本上定位于"创制性"活动，从而忘却了实践的政治伦理维度，使世界走向异化，人成为"单向度"的存在。

在批判笛卡儿认识论的过程中，胡塞尔的现象学，特别是海德格尔的存在论解释学，都在尽力超越"只见事实"的科学困境，使"实践"范畴增添了创制性的"操劳"，更恢复了亚里士多德政治伦理性的"操心"，具备了"此在生存的经验特征"②，突出了它的地方性和境遇性，"实践"成为人存在的根本方式。

实践唯物主义是马克思主义哲学的精髓。在它看来，实践是一种有目的并借助于一定中介手段来实现目的的感性活动，是按照事物的客观尺度和人的内在尺度的统一来创造对象的。在这一过程中，必然对象性地表现出人的理智的机巧、知识的力量、情感的冲动和意志的努力，同时也综合性地表现出人追求和创造体现真、善、美的统一的对象的功能。③

综上所述，在哲学视阈，实践是一个总体性范畴，是对人的存在方式的刻画。在这一意义上，它既包括理论认识活动，如科研工作者的科学研究也是一种科学认识实践，也包括人类生存的政治伦理特性，没有道德底线的人是一种"单向度"的动物。实践的最终目的指向是"合规律性"基础上的"合目的性"，而能承担这一职责的只有"自由"，这种"自由"境界是审美的过程，也就是真、善、美的合一。

2. 教育学对实践范畴的研究

教育学对实践范畴的研究，采用的是更为宽泛的"活动"概念。其来

---

① ②　吴彤. 实践的诠释与现象学［J］. 哲学研究，2012（2）.

③　肖前，李淮春，杨耕. 实践唯物主义研究［M］. 北京：中国人民大学出版社，1996：12.

源既是哲学的，也是心理学的。就哲学而言，是在克服近代机械唯物主义的过程中逐渐靠近实践唯物主义的实践范畴的；就心理学来讲，直接运用了皮亚杰和维列鲁学派的活动理论。

教育学对实践范畴研究的学理演变是，从将活动作为学生学习与发展的途径发展到将学生提升为社会历史活动的主体和自我个性素质发展的主体。[①]在比较深入的程度上探讨了学生发展的机制，即重视学生外部活动、内部活动、外部活动的内化和内部活动的外化等。[②] 但是，这些描述仍是比较宏观和粗糙的，学生通过活动得以发展的具体机制还有待进一步考察。

3. 心理学对实践范畴的研究

心理学对实践范畴的研究主要包括两个路径：一是皮亚杰和维列鲁学派的活动理论；二是斯腾伯格提出的"实践性智力"概念。

皮亚杰主要探讨了个体知识建构中的活动问题，阐释了物理知识的经验性和数学逻辑知识的活动抽象性。尽管他并没有忽略知识建构的社会性，但对这方面的研究毕竟不够充分。其理论已成为激进建构主义的渊薮。

维列鲁学派研究了活动的结构，认为活动是有意识的过程，包括一连串的行动，行动又包括一连串的操作。而活动、行动和操作又与动机、目标和条件相对应，动机是活动的动力，目标引导活动的展开，条件是操作的中介。[③] 同时，它重视知识的社会建构，是社会建构主义的源泉。

斯腾伯格的"实践性智力"概念相当于卡特尔的"晶体智力"范畴，强调了个体日常生活经验的积累，它更多的是个体在非正式学习中学到的"默会知识"，是社会智力或人际关系智力的一部分。[④]

4. 概念界定

基于上述学界对于实践范畴的研究以及人们普遍意识中对于实践能力的理解，可以发现，目前人们对于实践能力的理解和界定大致有四种观

---

① 王道俊. 把活动概念引入教育学 [J]. 课程教材教法，2012（7）：3.

② 王策三，等. 教学认识论 [M]. 北京：北京师范大学出版社，2002：209－239.

③ 乔纳森. 学习环境的理论基础 [M]. 上海：华东师范大学出版社，2007：96－97.

④ 斯腾伯格. 成功智力 [M]. 上海：华东师范大学出版社，1999：233.

点。一是将其理解为"动手"能力或学科技能。[①] 二是将其理解为社会智力或人际关系智力的一部分,强调个体日常生活经验的积累,它更多的是个体在非正式学习中学到的"默会知识"。[②] 三是将其明确界定为"对个体解决问题的进程及方式起稳定的支持与调控作用的个体心理和生理特征的总和,是一个复杂而统一的身心能量系统"。[③] 四是将其界定为"主体有目的、自觉地改造客体的能力,其中主体是具有主观能动性的人,客体是主体要认识或改造的对象"。[④]

总体来说,这些观点都是片面的。第一种观点是日常概念,没有深入实践能力的本质;第二种观点只涉及了实践能力的一个方面,即人的社会性交往实践能力,且将其局限于智力范畴;第三种观点貌似全面,将个体的心理和生理因素都纳入其中,但依旧是片面的,即只限于在个体层面探讨人的实践"潜能",而将人的群体层面的实践能力置于视野之外,而且突出了解决问题的能力,淡化乃至忽略了日常操作型实践能力;第四种观点的可取之处是在主客体活动范畴内探讨人的实践能力,但其存在的问题在于将主体界定为具有主观能动性的人,客体是主体要认识或改造的对象,自然,主体是人,但人并非永远是主体,"作为主体的人,它往往'一身兼两任',既是主体又是客体"。[⑤]

基于生存论、本体论、活动论的范畴来理解实践概念,实践首先是人以自身的活动来引起、调整和控制人与自然之间的物质变换过程;在这个过程中,人和人之间必然要结成一定的关系并互换其活动;同时,实践结束时得到的结果,在这个过程开始时就已经在实践者头脑中以目的的形式存在着,而不仅仅是以观念性的认识形态存在着。即实践内在地包含着人与自然的关系、人与社会的关系以及人与自身的关系,是一个"主—客"、"主—主"以及"主—我"的关系性存在。

---

① 吴志华. 中小学学生实践能力培养:存在的问题及解决策略 [J]. 教育科学,2006 (6).
② 斯腾伯格. 成功智力 [M]. 上海:华东师范大学出版社,1999:233.
③ 傅维利. 培养学生的实践能力:推进素质教育的重点 [J]. 中国教育学刊,2005 (12).
④ 刘三朵,张冬胜. 论实践能力的内涵与结构 [J]. 当代教育论坛,2004 (9).
⑤ 肖前,李淮春,杨耕. 实践唯物主义研究 [M]. 北京:中国人民大学出版社,1996:147.

因此，实践能力就是实践主体在实践活动过程中的表现状态及其实践活动结束时所形成的结果。对实践能力的考察，既可以着眼于实践活动过程的状态，也可以着眼于实践活动的结果。

与此同时，实践范畴的关系性、规定性，也为我们理解实践能力的内容结构提供了直接的依据。即任何层面的实践能力，都存在于实践活动的"主—客"、"主—主"以及"主—我"的关系系统中。所以，实践能力就是实践主体在实践活动过程中所表现出来的体力、智力、社会结合力（分工与协作）和物力等的状态或结果。它们共同构成不同层面的实践能力内容结构：在个体层面即是个体主体的体力、智力、社会交往能力和物力（工具和客体能量的发挥）；在国家层面则表现为综合国力，它是一个国家所能调动的全部人力和物力资源以及科学技术、管理水平等的综合。

"学生的实践能力"是指"实践能力"一般的教育学概念。一般的"实践能力"，只有经过教育学的改造，才能成为一个教育学范畴，这与一般知识只有经过教育学的改造才能成为课程知识是一样的。活动的目的决定活动的本质，只有从教育目的出发，才能将一般实践能力改造成学生的实践能力这一教育学概念。教育的根本目的是促进学生的发展。据此，学生的实践能力则是以促进学生的发展为根本旨趣的学生主体在实践活动过程中的表现状态及其实践活动结束时所形成的结果。

（二）国内外实践能力相关政策与改革措施研究

综观十余年来各国的基础教育课程改革，许多国家和地区在强调提高质量时都把学生终身发展所需关键能力的培养作为一项重要内容，同时在课程设置中开设了综合学习和实践类的课程。经济合作与发展组织（OECD，简称经合组织）、欧洲联盟（EU，简称欧盟）等国际组织也纷纷关注对于问题解决能力、应用能力等关键能力的研究（表1-1）。相关的国际研究虽未采用"实践能力"的提法，但对于应用知识与技能解决实际问题能力的关注呈现出一些共通的发展趋势。由于培养关键能力的学习活动和课程内容标准的开放性，对这类学习评价指标和方式的选择等都变得更为复杂（表1-2），更需要从跨学科的视角出发来建构评价体系，从具

体的学习内容出发形成框架设计、评价指标。目前我国相应的研究成果非
常缺乏，需要在借鉴国际经验的基础上做出探索性的研究。

表1-1　国际组织、国家（地区）的能力划分

国际组织、国家（地区）	能力分类
OECD	"关键能力的界定与选择"（The Definition and Selection of Key Competencies），分为3类，共9项： 1. 有效运用各种工具，对环境产生有效影响的能力。其中包括掌握信息技术工具和社会文化工具 ● 使用语言、符号和文本互动的能力 ● 使用知识和信息互动的能力 ● 使用技术互动的能力 2. 与来自不同文化背景的人交往的能力 ● 与他人建立良好关系的能力 ● 团队合作能力 ● 控制与解决冲突的能力 3. 自主行动的能力 ● 在各种社会情境中行动的能力 ● 组织、建构生活方案和个人规划的能力 ● 保护及维护权利、利益、限制和需求的能力
EU	"终身学习关键能力"（Key Competences for Lifelong Learning） 1. 母语交流能力 2. 外语交流能力 3. 数学和科学技术能力 4. 数字化能力 5. 学会学习的能力 6. 人际交往和履行公民职责的能力 7. 创业能力 8. 文化表达能力
美国	应用能力表现标准（Applied Learning Performance Standards），依据职业能力划分为5类： A1. 问题解决 A2. 交流工具和技巧 A3. 信息工具和技巧 A4. 学习与自我管理的工具和技巧 A5. 与他人共同工作的工具和技巧

续表

国际组织、国家（地区）	能力分类
日本	课程中设置"综合学习时间"，有 3 个维度： 1. 与学习方法相关的（如：收集、分析信息，简明易懂地归纳和展示信息的能力） 2. 与自身相关的（如：决定自己的行为，思考自身生活方式的能力） 3. 与他人及社会相关的（如：与他人协作解决问题的能力，为解决问题参与社会活动的态度） 提出 5 个要素： （1）通过跨学科、综合学习，进行探究式学习（经历过程） （2）提升自己发现问题、自主学习、独立思考、主体判断、解决问题的素养和能力（提升能力） （3）掌握学习方法和思考问题的方式（掌握方法） （4）形成解决问题、探究活动所需要的主体的、创造的、协作的态度（形成态度） （5）学会思考自己的生活方式/道路（确立方向）
中国香港	设置职业导向选修课程，协助学生体验 5 种基本学习经历（5 种基本学习经历包括：德育及公民教育、智能发展、社会服务、体艺发展和与工作有关的经验），并发展香港课程架构所强调的共通能力（共通能力包括：沟通能力、批判性思考能力、创造力、协作能力、运用信息科技能力、运算能力、解决问题能力、自我管理能力和研习能力） 1. 与职业相关的能力 2. 基础技能 3. 思考能力 4. 人际关系 5. 价值观和态度
中国台湾	20 世纪末开始实施新一轮课程改革，提出以学习领域及统整性为原则，以人的生活为中心，以学生生活经验为导向，以基本能力为核心架构，培养学生具备适应现代生活所需要的能力 1. 了解自我与发展潜能的能力 2. 欣赏、表现与创新能力 3. 生涯规划与终身学习的能力 4. 表达、沟通与分享的能力

国际组织、国家（地区）	能力分类
中国台湾	5. 尊重、关怀与团队合作的能力 6. 文化学习与国际理解的能力 7. 规划、组织与实践能力 8. 运用科技与信息的能力 9. 主动探索与研究的能力 10. 独立思考与解决问题的能力
中国大陆	设置"综合实践活动"活动类课程（2001）。引导学生：在实践学习中获得积极体验和丰富经验，形成对自然、社会和自我的整体认识；具有问题意识，体验并初步学会分析解决问题的科学方法，发展综合能力和良好的思维品质，形成科学态度，培养创新精神、实践能力和强烈的社会责任感 ● 亲近并探究自然，增进对自然的认识，逐步形成关爱自然、保护环境的意识和能力 ● 积极参与社区和服务社会，增进对社会的认识与体验，发展社会实践能力和社会责任感 ● 掌握基本的生活技能，发展认识自我的能力，养成积极而负责任的生活态度 ● 学习并开展力所能及的技术实践和劳动实践，培养技术意识和技术实践能力 ● 体验并初步学会调查研究与访问、实验研究与观察、技术设计与制作、社会参与与服务、信息收集与处理等多种实践学习方式，发展学生收集处理信息的能力、自主获取知识的能力、分析与解决问题的能力、表达与交流的能力、逻辑思维能力 提出与学科学习目标相对的"基础性发展目标"，开展综合素质评价（2002）①。评价维度如下： ● 道德品质 ● 公民素养 ● 学习能力 ● 交流与合作能力 ● 运动与健康 ● 审美与表现

---

① 参见：《教育部关于积极推进中小学评价与考试制度改革的通知》。

表1-2　国际组织、国家（地区）关键能力特点的比较

国际组织、国家(地区)	课程类别	制度/政策	年级	能力分类	评价标准	特　点
OECD	非学科	—	—	3类，共9项	—	• 涵盖了基础工具学科能力、学习能力、社会生活能力 • 涵盖了对知识、技能和态度的要求 • 各项关键能力具有通用性 • 贯穿学校教育整体，而非某门课程，体现"跨学科"特点
EU	非学科	—	—	8项	—	
美国	非课程	无国家/州标准	小学—高中	依据职业能力划分为5类	描述性评价，不分等级。具体到不同类活动过程、环节。例如解决问题分为3个方面	
日本	活动类课程	课程指导要领	小学3年级—高中	依据课程要求、特征（探究性学习）划分为3类	按照学习过程划分具体的能力表现。如思考方式分为8种方法，6项指标	• 打破了传统的单一学科课程结构 • 以跨学科的主题学习为基础、以活动和体验学习为基本方式 • 培养学生综合应用知识和实践能力的学习时间 • 能力划分近似于OECD提出的"关键能力"
中国香港	职业导向课程	课程标准	高中	分类细致，分为5大类	描述性评价。每一类下有具体指标和实例说明，落实在"表现"上	• 目标指向：职业、就业需求 • 定位、内容结构清楚，目标设计全面，指标具体 • 体现多方面的应用能力，着重于实用的学习元素 • 体现全方位的教育目标，体现基本素养，

续表

国际组织、国家(地区)	课程类别	制度/政策	年级	能力分类	评价标准	特　点
中国香港	职业导向课程	课程标准	高中	分类细致,分为5大类	描述性评价。每一类下有具体指标和实例说明,落实在"表现"上	共通能力。如:批判性思考、创造、写作、运用资讯科技、运算、解决问题、自我管理和研习等 ● 体现和学科课程的结合、相辅相成 ● 体现普通学校教育和社会、职业教育的融合,与广阔的专业和职业领域相关联
中国台湾	非课程	—	义务教育(可能含高中)	10项	—	● 核心性:以基本能力为核心构架,培养10项基本能力为最终目标 ● 统领性、贯穿性:在各学习领域中都以10项基本能力为框架,把10项基本能力的培养渗透在各个学习领域之中 ● 在教育、教学过程中强调尊重个性发展,激发个人潜能,让学生在活动中提升适应现代生活所需要的10项基本能力

续表

国际组织、国家(地区)	课程类别	制度/政策	年级	能力分类	评价标准	特　点
中国大陆	活动类课程（综合实践活动）	课程纲要	小学3年级—高中	依据课程分类划分为6类	没有具体到一类学习活动或一个学习过程，且没有具体的"表现标准"	• 活动性/实践性：以动手操作为依托的学习 • 综合性：破除单一学科的界限，但需要运用学科知识和拓展知识领域的学习 • 生成性：师生共同学习过程中的变化和发展 • 过程性：关注学习过程，关注学习方法 • 非功利的、非考试的：目标指向不同，不是直接作用于升学 • 评价中更多地注重过程和方法，更多的是质性的判断和比较，而非数量的考察
	非课程（基础性发展目标）	评价相关的政策	小学—高中	依据综合素质的发展划分为6类	各地方根据总体目标进行具体划分，制定评价指标和方案，实施综合素质评价	• 与学科学习目标相对，提出基础性发展目标 • 在与学科的学习高度相关的同时包含跨学科的内容，引导学校教育注重对学生综合素质的培养与评价 • 从评价的角度率先提出，实施综合素质评价，尝试改变现行考试制度，综合、全面地评价学生

（三）主要发达国家职业能力研究的现状与启示

根据一般实践能力所具有的基础性、活动性、社会性、外显性等特征，课题组对与实践能力有很大相似度的职业能力的研究状况进行了梳理，从而为实践能力框架与指标的设计提供借鉴。

1. 英国对综合职业技能的研究

在英国，综合职业能力有时是指"一般的非职业的技能"，1979 年继续教育部（Further Education Unit）在其一个重要文件《选择的基础》中，第一次对英国职业教育中的综合职业能力做出了规定。那时的综合职业能力共规定了 11 项（读写能力、数理能力、图表能力、问题解决能力、学习技巧、政治与经济读写能力、模仿技巧与自给自足、动手技巧、私人与道德规范、自然及技术环境），涵盖内容很广且十分细致，其基本思想主要是将经济需要与社会要求相结合。

1982 年，继续教育部出版了《基础技能》，其中规定了描述综合职业能力的两条原则：普通性和迁移性。普通性是指这种能力在各种各样的工作和学习情境中都是需要的，而迁移性是指在一个环境中习得的能力可以被运用于另一环境中。这两条原则一直指导着以后英国职业教育和培训关于综合职业能力的规定。

1999 年资格与课程当局对综合职业能力的规定如下：交流能力、数字应用、信息技术、问题解决、学习和业绩的自我提高、与他人合作。事实上，综合职业能力是指那些在日常生活、工作、教育中主观需要的技能。

2. 美国对综合职业能力的研究

在美国，最早使用综合职业能力概念的是 1983 年得克萨斯州路易斯维尔市，一个研究高中毕业生能力要求的委员会提出了 9 类综合职业能力，其中重要的有决策、计划未来、生活、身体、社会、个人的健康、计算技能。之后，赫德森研究所（Hudson Institute）和美国培训与发展协会（American Society for Training and Development）提出了工作领域表现必需的 7 项能力：学会学习、学术基础、沟通、适应、个人发展、团队效力、影响力。

1991 年成立的获职必要技能部长委员会（Secretary's Commission on Achieving Necessary Skills，SCANS）研究了未来 21 世纪年轻人在工作中取得成功所需的能力，提出了"工作中的能力"和"基础能力"两大部分，具体包括 8 个类别的能力指标，其中包含 5 种职业能力（分别为资源、信息、沟通、系统和技术）和 3 种基础能力（即基础技能、思维能力和个人素质）。这是基于对美国数千种工作的分析而不是源于个人的需要。SCANS 认为，学习任何技能的最有效方法是"在相应背景下"，将学习目标放置到真实环境中，而不是坚持让学生首先进行抽象的学习。在使用一项特定的能力或基础技能执行一项任务时，同时也需要应用其他的能力，该项能力只是执行任务最为需要的。几乎无法找出仅需使用一项能力就能完成的工作，但是可以非常容易地找出缺少一项特定能力就无法成功完成的任务。

3. 德国从关键能力到综合职业能力的研究

在德国，社会教育学家梅腾斯（Mertens）1974 年提出了"关键能力"的概念。其关键能力的概念基于这样的设想，即存在这样的能力，它们对人生历程的各个方面如职业生涯、个性发展和社会存在起着关键性的作用。具体为：

（1）基础能力。它表示那些如逻辑性、全局性、批判性和创造性的思维和行为能力、计划能力和学习能力等，并不局限在职业活动中，还涉及一般的社会活动和与人交往中。

（2）职业拓展性要素。它是在许多具体的应用领域中不可或缺的基本知识和技能，如劳动保护、机器维护、技术测量以及阅读书写等的知识。这些内容在当时联邦德国约 400 个培训职业中都是重要的培训内容。

（3）信息获取和加工能力。即根据面对的问题或任务有目的地获取、理解和加工信息的能力，从而达到"个体对社会的信息的最有效的利用"。

（4）时代关联性要素。它指的是与某一时代相关的能力要素。如全球化时代的外语能力、计算机时代的计算机应用能力等。这些并不是以前职业培训的内容，而是随着时代的发展成为当代的必修内容。

德国培训与教育协会将"关键能力"即综合职业能力分成 10 个方面

的范畴：组织与执行工作任务、交往与合作、学习与工作技巧的使用、与人交谈的技巧、解决问题和判断能力、独立性与责任感、承受能力、创造性与适应能力、外语能力、学习能力。

20 世纪 80 年代，对综合职业能力的讨论，逐渐演化形成了对职业行动能力概念的讨论，作为综合职业能力更高一级的能力概念，职业行动能力包括了综合职业能力的所有要素，它由 4 个部分组成，分别是专业能力、方法能力、社会能力和个性能力。邦克（Bunk）在 1994 年发展了职业能力理论，增加了"参与能力"，即在自己的工作场地或之外建构工作环境、事先计划、承担组织的任务、决策、负责任。邦克在三个方面拓展了能力的范围：一是个人应该能够在不同的情境中工作；二是个人不仅应该对他们自己的工作负责，而且必须关注社会环境；三是个人必须将他们的工作范围从自己的位置扩展到整个组织。

4. 澳大利亚对综合职业能力的研究

澳大利亚对职业能力的研究与关注开始于 20 世纪 80 年代，大致可以分为三个阶段：初期阶段（1985—1999 年）、被产业界引导阶段（1999—2002 年）和整合阶段（2002 年始）。职业教育和行业企业界都提出过各自的综合职业能力要素，其中初期阶段梅尔委员会（Mayer Committee）的报告具有里程碑式的作用，许多关键性的成果至今仍然在影响着关于能力培养的教育政策。

梅尔委员会确立的综合职业能力有七大项，分别为：收集、分析、组织信息；沟通想法和信息；规划与组织活动；与他人团队合作；运用数学观念与技艺；解决问题；运用科技。

2002 年，澳大利亚工商总会（Australian Chamber of Commerce and Industry，ACCI）和澳大利亚商业理事会（Business Council of Australia，BCA）提出的综合职业能力包含以下八项：沟通技能、联合作业技能、解决难题能力、主动和进取精神、计划和组织能力、自我管理能力、学习能力、技术能力。在此基础上还增加了包含忠诚、诚实和正直、热情、可靠、个人表现、共同观念、灵活性和处理压力的能力等在内的个人品质特征。

综观上述四国对综合职业能力内涵的规定，我们可以得到一个结论，它们都包含以下六个方面：（1）基础能力，比如读写计算能力和使用技术的能力；（2）与人相关联的能力，比如信息交际团队工作、客户服务技能；（3）理解思维能力，比如收集和组织信息、问题解决、计划、组织、学习能力以及创新和创造性系统思维；（4）个人品质，比如责任感、足智多谋、灵活、能够管理自己的时间、自尊；（5）与企业相关的革新、创业能力；（6）与社会相关的公民职责和权力。职业能力的内涵逐渐由强调单一方面转变为强调多个方面的综合影响。

可以说，四国对于综合职业能力的界定、基本能力和关键能力与素质的要求，都体现了国家或社会对于个人在工作中解决问题、完成任务所必须具备的要素的理解与规定。这些为我们研究实践能力的关键内容与指标体系提供了重要参考。

二、实践能力框架设计

通过对国内外理论研究以及国际上主要发达国家关于核心能力（关键能力）的研究的梳理，兼及对美国、欧洲基于职业教育的基本技能（一般技能、核心技能、关键资格或综合职业能力）的研究的梳理，以及对于不同人群的调查，本课题形成了实践能力的基本框架。

首先，各个国家及国际组织倡导在基础教育中对于核心能力的培养，其能力框架的构建反映出突破原有学科的一致性特点，或设置专门的课程或统领多个学科，或超越学科面向终身发展。实践能力的内涵复杂性与宽泛性，也需要我们在框架设计上突破传统的学科概念，从更广阔的视角构建能力框架，不局限于某个学科、学校教育或已有的经验，而是面向学习与活动、学校教育与家庭教育、已有经验与终身发展所需能力的综合。

其次，从各国家及国际组织基础教育中核心能力具体指标的种类中可以发现，基本知识与技能（语言、数学、信息技术）、交往合作能力、自主行动（自我管理）能力、与职业相关的技能等成为在多个能力框架中频繁出现的共通的、核心的指标。从对四国职业能力界定的梳理中可以发现，基础能力、理解思维、解决问题能力、个人品质、创新能力等是较为共通的、核心的能力指标。根据我们对于实践能力的界定，实践内在地包含着人与自然的关系、人与社会的关系以及人与自身的关系，即"主—客"、"主—主"以及"主—我"的关系性存在，是实践主体在实践活动过程中的表现状态及其实践活动结束时所形成的结果，在个体层面即是个体主体的体力、智力、社会交往能力和物力（工具和客体能量的发挥）。实践能力的指标从广义上讲可以包含或者涉及上述从国际比较中梳理得出的多个核心能力指标。但是，这些指标源于不同的维度设计与框架构建，我们不能笼统地、简单地进行合并归纳，形成实践能力的指标体系。因此，根据课题组对于实践能力的界定，参考国际上的能力框架，我们把学生的实践能力框架按照学生与客体、学生与自我、学生与主体、学生与工具四个维度进行构建。作为一项探索性的研究，要穷尽"实践能力"并提出一个完备的结构是不可能的，需抓住其中的核心要素加以建构。因此，我们精选梳理出来较为共通的、核心的能力指标作为实践能力的关键指标。

在此基础上，课题组先后多次对不同人群分别进行调查，采集到了对实践能力的普遍理解，验证并修订了实践能力框架。调查对象包括公务员（50 人）、中小学校长（48 人）、在校大学生（133 人）、企业高管（61人）以及企业人力资源负责人（13 人）、人民大学人力资源专业的师生（12 人）等。

与此同时，积极向相关专家咨询。首先，充分听取专家的意见和建议，反复调整研究方案和实践能力指标框架，确定首先着力于量表和问卷的研制。其次，邀请测评专家介入问卷设计，并得到测量技术层面的肯定。最后，与 OECD 相关专家进行讨论、答疑等，并得到可以通过这样的调查方式了解学生实践能力一般状况的肯定。

基于以上的研究与调查、论证与修订，课题组最终确定了实践能力的基本框架，将实践能力划分为四个维度：解决问题能力、自我管理能力、沟通与合作能力和工具使用能力。

（一）实践能力的维度

1. 解决问题能力

运用知识解决问题是思维最一般的形式，是人类适应环境、解决生存与发展中各种问题的基本方式，是实践能力天然的、最基本的也是最重要的组成部分。运用知识解决问题作为一种重要的认知活动，不仅对教育理论与实践及人们日常生活中所遇到的普遍问题具有重要意义，而且也是衡量教育的标准之一。运用知识解决问题是课程学习的重要组成部分。它既可用来检验学生学会了什么、没学会什么，又可用来表明学生是否明白了所学课程，从而促进、加深理解，即具备检验功能和教学功能。运用知识解决问题是超越学科的标准。它是一系列的有目的指向性的认知操作活动过程。问题解决具有目的指向性；问题解决是一系列的操作；这种操作必须是认知操作，也就是要求儿童有一定的知识基础，有可能解决问题，但又必须通过有目的的心理努力和认知操作才能完成。（详见第二章）

2. 自我管理能力

自我管理能力是指在对客观环境的实践活动过程中，个体把自己作为管理对象，按照社会规范和自身发展要求，自觉地对自己的思想、心理和行为进行规划、调控、约束和修正的能力。（详见第三章）

3. 沟通与合作能力

沟通与合作能力是指妥善处理组织内外关系的能力，包括与周围环境建立广泛联系和对外界信息的吸收、转化能力，以及正确处理人际关系的能力，是社会实践和社会生活能力的重要组成部分。沟通与合作能力主要表现为处理人与人、个人与群体之间关系的能力，以及妥善处理组织内外关系的能力。主要包括：感受、理解与沟通能力（基本的心理和态度、方法表现），计划/规划与应变能力（做事过程中方式表现），领导组织与协调能力（活动中态度和行为表现），等等。（详见第四章）

4. 工具使用能力

工具使用能力主要表现为处理人与人、人与物、物与物以及与信息之间关系的能力。主要包括：基本工具使用能力（人类基本生存如衣食住行的意识、态度和活动的熟练程度表现)、专用工具使用能力 (人类现代化的生活、学习和工作等的意识、态度和活动的熟练程度表现) 和信息技术工具使用能力 (人类信息化的生活、学习和工作等的意识、态度和活动的熟练程度表现)。(详见第五章)

(二) 实践能力指标体系

基于"基本的"(亦即文献中共同指向的,具有"共识"和"通行"的特征)、"学生的"(因为研究的对象是学生)、"学生的生活世界和经验世界"(这既是学生实践能力表现的素材,也是学生实践能力表现的场域)三方面分析各个维度的构成要素,以及在应用相关能力时的程序、能力表现的程度,形成各个维度的指标构成 (表1-3)。

表1-3　实践能力指标体系

一级指标	二级指标及说明	
	二级指标	说明
解决问题能力	• 提出和表征问题的能力 • 使用方法与策略的能力 • 调控解决问题过程的能力 • 评价与反思的能力	程序、要素排列
自我管理能力	• 管理学习的能力 • 管理生活的能力 • 管理情绪的能力	要素排列
沟通与合作能力	• 交往沟通能力 • 参与合作能力 • 领导组织能力	程序、要素与程度排列
工具使用能力	• 基本工具使用能力 • 专用工具使用能力 • 信息技术工具使用能力	要素、程度排列

三、实践能力测评工具

（一）实践能力测评工具研究的难点与重点

1. 实践能力测评的复杂性与难以借鉴性

实践能力主要指个体将已有知识和技能转化为解决实际问题的能力。实践能力包括两大类内容：一是与所学专业或就业岗位密切相关的能力，二是与个体独立生活和事业发展有关的能力。实践能力具有实践性、动态生成性、习得性等特点，它在实践活动中形成和发展，并在实践活动中得到表现。因此，评价实践能力的直接和根本方法就是让评价对象完成真实任务、解决实际问题，针对该过程中评价对象的表现，评估其实践能力的水平。这种评价通常应用于企业对员工的考核，却难以应用在调查研究中。

根据课题组对于核心概念的界定，中学生的实践能力主要体现在运用知识解决实际问题以及与实际学习和生活相关的能力。能够较为真实地反映学生实践能力的评价方法是近年来在评价领域渐渐兴起的表现性评价和真实性评价，但是像这样的质性评价方法难以应用在大规模的测试与评价中。

目前，无论是国际上还是国内，对于学生的评价项目主要运用的依然是纸笔测验和问卷调查，而且主要是针对学生学业成就的测评和学习背景的调查。因此，对于中学生实践能力的评价没有直接可以借鉴的测评工具，需要我们在积极应用既有的纸笔测验和问卷调查等测评方式的基础上，结合实践能力测评需要的实际做出探索性的研究。

2. 不同维度测评的分散特点与统合的必要性

总课题将初中学生的实践能力从解决问题能力、自我管理能力、沟通与合作能力和工具使用能力四个维度进行了划分，根据各个维度内容的性质与特点，需要分别对其采用不尽一致的测评方式。因此，对研究内容和测评工具的前期研究具有相对独立的特点。与此同时，根据调查结果的分析与统合的需要，以及考虑到需要降低测试对象负担、降低测试成本等因素，测试对象须为同一群体。因此，测试工具的开发原则、测评工具的整合、测试的开展过程具有相对的一致性。

（二）测评工具的要素与构成

本研究的测试工具包括作为工具主体的我国初中学生实践能力状况调查问卷，以及作为辅助的对于学生、教师、学生家长的访谈。

1. 调查问卷

本次问卷分为三部分：第一部分即学生的基本信息，包括性别、父母受教育情况、家庭经济情况等；第二部分即五点式程度题，是实践能力核查的量表；第三部分即调查题，用于影响因素分析、表现类型分析、关键指标的深入分析等。

题目设计之初，共有 158 题，经过试测，针对题量和内容向学生和教师征集意见，归纳出理解上容易出现歧义的题目，并对试测结果进行统计分析，列出信度较低的题目，统一进行了删除、修改。最终的测试用问卷共有 133 道题目，测试时间约 20 分钟。题目的分布状况如表 1－4 所示。

（1）对学生实践能力水平倾向的测评

作为问卷第二部分的程度类题目是本次调查问卷的主体内容，通过这部分内容对学生的实践能力水平倾向进行测评。程度类题目采用的是自陈量表，要求学生根据自己的实际情况逐一回答，然后根据学生的答案衡量学生实践能力水平倾向。题目采用五点式的选择题，设计一系列的陈述句来描述学生的行为特征，选项统一为"很不符合"、"不太符合"、"一般"、"比较符合"和"很符合"，让学生根据自己的实际情况进行选择。

在题目的编制过程中，保证了每个能力维度至少有两个以上的反向题目，问卷的每一页也至少有两个以上的反向题目，以便核查问卷的质量。

程度类题目共 100 题，其中四个维度的题目数量比较均衡。解决问题能力的题目相对较少，为 22 题；自我管理能力的题目相对较多，为 27 题。程度类题目占问卷总题量的 75％。

（2）对学生实践能力表现类型及影响因素等的调查

调查问卷的第一部分和第三部分都是调查类题目，不进行赋分和测评，主要是了解学生的基本信息、学生实践能力的表现类型以及影响实践能力的因素。题目多为单项选择题，个别题目是多选题，共有 33 题。其中调查学生的基本信息，了解学生父母的学历、家庭经济状况以及对于学习成绩的自我评价等内容共 7 题，了解学生在解决问题、沟通与合作、自我管理、信息技术使用方面的能力表现状况以及家庭生活状况、学校综合实践类课程开设、学校与家庭计算机配置、网络使用等可能影响学生实践能力水平的内容共 26 题。调查题目的数量占问卷总题量的 25％。

表 1-4　题目数量与构成状况

类　型	内　容	目　的	赋分状况	维　度	题目数	百分比	
程度类题目	实践能力水平倾向	掌握学生实践能力的基本状况	赋分	解决问题能力	22	22	75
				沟通与合作能力	26	26	
				自我管理能力	27	27	
				工具使用能力	25	25	
调查类题目	基本信息	分类和归因分析等	不赋分	本人状况 家庭状况	7	21	25
	学习和生活背景信息	能力表现的类型与影响因素分析、形成对策建议等	—	背景、环境、影响因素 能力状况的表现类型	26	79	—

（3）调查问卷的信度分析

测评工具在经过试测、修订后，其题目的信度总体上均有提升。对最终调查结果中各个维度题目的信度分析表明，工具使用能力维度的题目信度最高（0.906），其后依次是沟通与合作能力（0.872）、解决问题能力（0.835）、自我管理能力（0.833）。总体来说，各维度的信度均较高，均超过 0.8（表 1-5）。

表 1 – 5　各维度信度分析

维　度	信　度	题目数
解决问题能力	0.835	22
自我管理能力	0.833	27
沟通与合作能力	0.872	26
工具使用能力	0.906	25

2. 访谈

本研究分别对教师、家长和学生进行访谈，以深入了解学生实践能力的水平状况，以及影响学生实践能力的因素。对教师的访谈主要包括学生实践能力的总体水平、影响因素、提升实践能力的途径、培养实践能力的困惑以及需要的支持与帮助四个方面的内容。对学生家长的访谈主要包括孩子实践能力的状况、影响因素、家庭中对培养实践能力的认识与方法、培养实践能力过程中遇到的问题、对学校在相关方面的建议等内容。对学生的访谈主要包括实践能力的自我评价、影响因素、学校和家庭中能够影响实践能力的主要活动以及提升实践能力的困惑等内容。

四、实践能力测评的实施过程

（一）抽样与施测

中学生实践能力的问卷调查采取随机抽样的方式，分别在北京、四川、河南、浙江、长春、甘肃、江西、广东8个省市的8所城市中学和9所农村中学，选取初中二年级的两个班级，面向两个班级的全体学生发放问卷。共有1742名中学生参与问卷调查，根据有效答案的统计，其中男生801人，占总人数的49.2%，女生828人，占总人数的50.8%，性别比例均衡；832名学生来自城市中学，占总人数的47.8%，907名学生来自农村中学，占总人数的52.2%，城市学生和农村学生比例均衡（表1－6）。

表1-6　学生样本的性别与城乡构成

		人　数	有效百分比
性别	男	801	49.2
	女	828	50.8
	缺失	113	—
	总计	1742	100.0
城乡	城市	832	47.8
	农村	907	52.2
	缺失	3	—
	总计	1742	100.0

在开展问卷调查的同时，课题组实地走访学校开展了访谈调查，共走访南京、郑州、成都以及北京的8所中学，其中城市中学和农村中学各有4所。共进行教师访谈9次，访谈教师63人；学生家长访谈7次，访谈家长47人；学生访谈8次，访谈学生89人（表1-7）。

表1-7　访谈对象的地区构成

访谈对象	南　京		成　都		郑　州		北　京	
	次数	人数	次数	人数	次数	人数	次数	人数
学生	2	20	2	14	2	31	2	24
教师	2	16	3	16	2	21	2	10
家长	2	16	1	2	2	17	2	12
合计	6	52	6	32	6	69	6	46

（二）数据统计与分析

问卷回收后，使用SPSS 17.0软件进行数据整理与分析，其中包括描述统计、差异分析、相关分析和信度效度检验等。

五、实践能力状况调查的主要结论与发现

（一）初中生实践能力总体状况

1. 学生实践能力总体上中等偏强

通过对本次调查中初中生在测评实践能力水平的题目上的得分状况进行统计与分析，我们对初中学生的实践能力总体水平有了初步的了解。按照五点式测评题目的特点，每个题目的最高分是 5 分，最低分是 1 分，由于四个维度的题目数不尽相同但权重相当，因此，对于得分的统计，各维度均采用分数的平均值，实践能力得分即是四个维度得分的平均值。由此，理论上实践能力可能获得的最高分为 5 分，最低分为 1 分，平均水平是 3 分①。

从统计结果看，初中生实践能力获得的最高分是 4.91 分，最低分是 1.82 分，平均得分为 3.45 分，高于理论上的平均水平 3 分，因此，初中学生实践能力总体水平表现为中等偏强。从得分的分布状况看，得分在 3—4 分的学生最多，占总人数的 70.3%，在 2 分以下的学生仅占 0.2%，3 分以下的学生占 16.6%，4 分以上的学生占 12.9%（表 1－8）。学生的实践能力总体状况基本呈现为正态分布（图 1－1），即中等及中等偏上水平占绝大多数，较高水平的人数多于较低水平的人数。

---

① 当某人在某一页问卷上的题目为同一答案时，将该人该页上所有题目均转为缺失，因为每页中都有反向题目；当某人在 100 题中有 33 个以上题目缺失时，将该人所有题目均转为缺失，因为有效作答太少；只有当某人对某个维度中 2/3 及以上的题目均有作答时，该维度才有得分。

表 1-8　实践能力得分分布

	得分区间	人　数	百分比	有效百分比	累积百分比
有效	1.00—1.99	3	0.2	0.2	0.2
	2.00—2.99	284	16.3	16.6	16.8
	3.00—3.99	1205	69.2	70.3	87.1
	4.00—5.00	221	12.7	12.9	100.0
	合计	1713	98.3	100.0	—
缺失	系统缺失	29	1.7	—	—
合计		1742	100.0	—	—

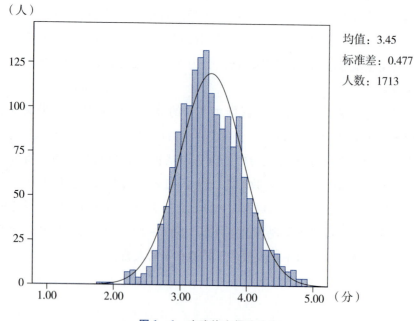

（人）

均值：3.45
标准差：0.477
人数：1713

图 1-1　实践能力得分分布

2. 学生的工具使用能力最强，解决问题能力相对最弱

从四个维度看学生的实践能力，按照各维度得分从低到高依次是解决问题能力、沟通与合作能力、自我管理能力和工具使用能力（图 1-2）。每个维度的分数均值都在 3.3 以上，高于理论均值 3，说明初中学生解决

问题能力、沟通与合作能力、自我管理能力和工具使用能力的表现整体较好。

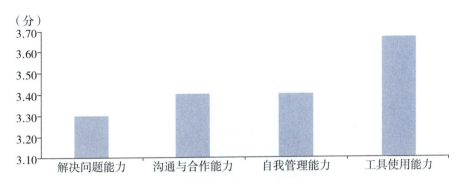

图1-2　实践能力各维度得分状况

其中，工具使用能力的分数最高，平均得分为3.67分，与其他三个维度的平均得分相比有较明显的优势。但与此同时，工具使用能力分数的标准差为0.68，也高于其他三个维度（表1-9），这说明学生工具使用能力得分的离散程度较大。如图1-3所示，工具使用能力的得分分布不是非常典型的正态分布：3.00—3.99分的学生占47.8%，4.00—5.00分的占35.1%，得分情况与其他维度相比，不是典型地集中于3—4分。这说明学生的工具使用能力相对差异较大。

表1-9　实践能力各维度得分状况

	人　数	最小值	最大值	均　值	标准差
解决问题能力	1710	1.45	4.91	3.3346	0.51128
沟通与合作能力	1713	1.62	5.00	3.3995	0.55447
自我管理能力	1717	1.59	5.00	3.4035	0.51754
工具使用能力	1717	1.28	5.00	3.6702	0.68085
实践能力	1713	1.82	4.91	3.4524	0.47718

3. 男生的沟通与合作能力显著低于女生，工具使用能力显著高于女生

从性别差异分析中学生的实践能力可以发现，总体上男生和女生的实

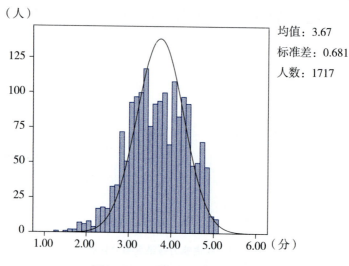

图1-3　工具使用能力得分分布

践能力没有明显差异，男生的实践能力平均得分为3.457分，女生为3.455分。但是，从不同维度的比较中可以发现，男生和女生在沟通与合作能力以及工具使用能力方面存在明显差异。在沟通与合作能力方面，女生超过男生0.07分，差异显著性为0.009（当显著性≤0.05时，表示有显著差异），表明女生的沟通与合作能力显著高于男生。在工具使用能力方面，男生超过女生0.15分，差异显著性<0.001，表明男生的工具使用能力显著高于女生。在解决问题能力和自我管理能力方面，女生得分均略高于男生，但男女生之间没有明显差异（图1-4）。

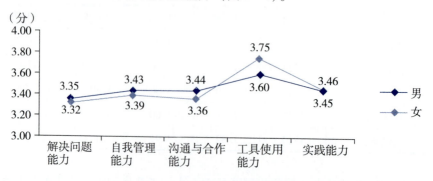

图1-4　实践能力的性别差异

4. 城市学生的实践能力高于农村学生

通过对城市学生与农村学生实践能力得分的对比分析，可以发现城市学生的实践能力总体上高于农村学生，前者平均得分为 3.51 分，后者为 3.54 分，差异显著性 <0.001，表明差异显著。如图 1 - 5 所示，城市学生各个维度得分以及实践能力总分的曲线整体居于农村学生分数曲线的上方。其中，两者仅有自我管理能力的得分相近，城市学生以 0.01 分的微弱优势略高于农村学生，差异不显著；而在解决问题能力、沟通与合作能力、工具使用能力三个维度上，城市学生得分均明显高于农村学生，表明城市学生在这三方面的能力显著高于农村学生。

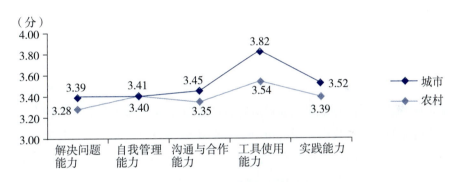

图 1 - 5　实践能力的城乡差异

5. 半数学生认为学校在培养学生实践能力方面有效，八成学生认为家庭重视对实践能力的培养

在参与调查的学生中，有 14.8% 的学生认为学校在培养学生实践能力方面非常有效果，34.2% 的学生认为比较有效果，39.0% 的学生认为效果一般，12.0% 的学生认为不太有效或没有效果（图 1 - 6）。可见，有近半数的学生认可学校在培养学生实践能力方面的作用，认为是有效的。但是有四成学生选择了较为中立的答案，他们认为学校在培养学生实践能力方面说不上很有效，也不能说没有效果，这一比例还是比较大的。可见，学校在培养学生实践能力方面的积极作用还有待发挥，有待产生实效。

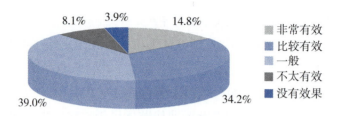

图1-6 学校培养学生实践能力的效果

与学校培养实践能力的效果相对应，本次调查也了解了学生对于家庭培养实践能力的看法，在被问到"你觉得你的家庭重视对你实践能力的培养吗"时，有80.7%的学生的答案是肯定的，认为家庭"很重视"培养自己的实践能力，相对的，有19.3%的学生认为家庭"不重视"培养自己的实践能力。

6. 近半数学生认为自己的实践能力强，家庭教育比学校教育影响力大

在对实践能力进行测评的同时，本调查也对学生如何评价自己的实践能力水平进行了信息采集，通过对题目"你觉得自己的实践能力如何"的回答情况的统计，我们发现有46.6%的学生认为自己的实践能力比较强或非常强，45.2%的学生认为自己的实践能力一般，8.3%的学生认为自己的实践能力不太强或非常弱（图1-7）。

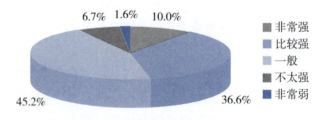

图1-7 实践能力的自我评价

对于造成学生实践能力强或弱的原因，认为"好像天性如此"的学生最多，占学生总数的42.3%；认为"受家庭教育的影响"的学生次之，占29.1%；再次是"学校教育的影响"，有15.7%的学生选择此项；最后是"受亲友同学的影响"（8.2%）和"其他"（4.7%）。可见，在学生的心目中影响他们实践能力的首先是先天因素。而且，学生认为对于实践能力的强弱，家庭教育与学校教育相比发挥了更大的作用（图1－8）。

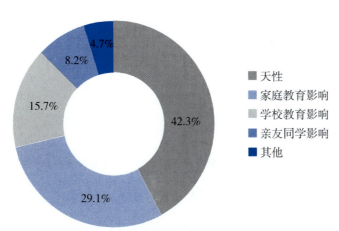

图1－8　实践能力的影响因素

（二）初中生实践能力差异与影响因素分析

1. 家庭是否重视培养孩子实践能力与孩子的实践能力呈显著正相关

如图1－9所示，重视培养实践能力的家庭的孩子实践能力各维度的得分及实践能力总分的曲线，完全居于不重视培养实践能力的家庭的孩子之上。其中，"很重视"培养实践能力的家庭孩子的实践能力总分平均为3.54分，"不重视"的家庭孩子总分平均为3.20分，两者相差0.3分，差异显著性＜0.001，表明差异显著。同样，两类家庭的孩子在解决问题能力、自我管理能力、沟通与合作能力以及工具使用能力的四个维度上也都表现出了显著差异。这说明，家庭很重视培养实践能力的学生四个维度的得分和实践能力总分均显著高于家庭不重视的学生，家庭是否重视培养孩子实践能力与孩子的实践能力呈显著正相关。

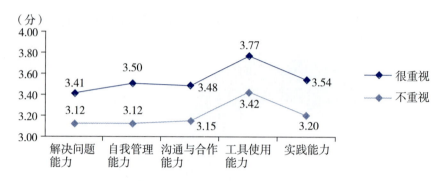

图1-9 家庭重视与不重视实践能力培养的学生实践能力的差异

2. 学校培养实践能力的效果与学生实践能力呈正相关，综合实践活动的学习效果与实践能力呈正相关

学生调查问卷第三部分调查题的第23题，旨在了解学生对学校在培养学生实践能力方面的效果的看法，题目是"你觉得你的学校在培养学生实践能力方面的效果如何"，选项分别为"非常有效"、"比较有效"、"一般"、"不太有效"和"没有效果"，调研结果如表1-10所示。

表1-10 实践能力与学校在培养学生实践能力方面效果的相关性

		解决问题能力	自我管理能力	沟通与合作能力	工具使用能力	实践能力
学校在培养学生实践能力方面的效果	皮尔逊相关系数	0.201**	0.324**	0.249**	0.174**	0.276**
	显著性	0.000	0.000	0.000	0.000	0.000
	人数	1676	1683	1679	1683	1679

注：** 表示在0.01水平上显著。

通过对学生认为的学校在培养学生实践能力方面的效果与学生实践能力得分的关联分析，可以发现，学校在培养学生实践能力方面的效果与学生四个维度的得分和实践能力总分均显著相关，不过相关程度较低。这说明认为学校在培养学生实践能力方面效果越好的学生，四个维度的得分和实践能力总分也越高。

学生调查问卷第三部分调查题的第22题设置了这样一个小问题："如

果你参加过研究性学习或综合实践活动，你在其中的表现如何"，选项分别为"非常好"、"比较好"、"一般"、"不太好"和"很不好"。调研结果如表1-11所示。

表1-11　实践能力与研究性学习或综合实践活动中的表现的相关性

		解决问题能力	自我管理能力	沟通与合作能力	工具使用能力	实践能力
参加研究性学习或综合实践活动的表现	皮尔逊相关系数	-0.402**	-0.370**	-0.451**	-0.376**	-0.472**
	显著性	0.000	0.000	0.000	0.000	0.000
	人数	1461	1468	1464	1468	1464

注：** 表示在0.01水平上显著。

对参加过研究性学习或综合实践活动的学生的分析显示，学生对自己在学习活动中学习效果的评价与其四个维度的得分和实践能力总分均显著相关（$p < 0.001$），相关程度中等。这说明认为自己在研究性学习或综合实践活动中表现好的学生，其实践能力分数也较高，反之则实践能力分数较低。

3. 父母学历与学生实践能力呈显著正相关

本次调查分别收集了学生父母的最高学历，父亲的最高学历普遍略高于母亲的最高学历，学生父母中，三至四成的人最高学历为初中及以下，约三成的人最高学历是高中（或中专、中师、中技）；另有约三成的人接受了高等教育，其中约有25%的父母学历为大专或本科，有3%—4%的父母学历为研究生及以上（表1-12）。

表 1 – 12　学生父母的最高学历

	父亲最高学历		母亲最高学历	
	人数	有效百分比	人数	有效百分比
初中及以下	631	36.7	695	40.3
高中(或中专、中师、中技)	551	32.0	540	31.3
大专或本科	451	26.2	427	24.8
研究生及以上	70	4.1	46	2.7
其他	18	1.0	17	1.0
缺失	21	——	17	——
总计	1742	100.0	1742	100.0

以父母最高学历中较高的为准，对父母学历与学生的实践能力得分做关联分析，可以发现，不同父母最高学历的学生在各维度得分和实践能力总分上均有显著差异，且父母最高学历越高，学生的各维度得分和实践能力总分越高，父母学历与学生的实践能力呈正相关。

如图 1 – 10 所示，父母最高学历为研究生及以上的学生在各维度得分及实践能力总分上均最高，父母最高学历为大专或本科的学生的得分次之，之后是父母最高学历为高中（或中专、中师、中技）的学生，最后父母最高学历为初中及以下的学生。从实践能力总分看，父母最高学历为研

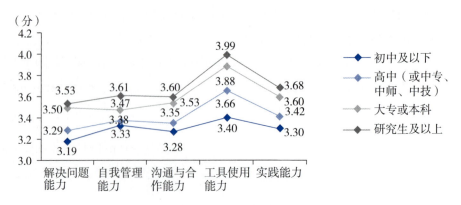

图 1 – 10　不同父母学历的学生实践能力的差异

究生及以上的学生略高于父母最高学历是大专或本科的学生，但差异不明显；两类学生的得分（分别为3.68分和3.60分）均显著高于父母最高学历是高中的学生（3.42分）；父母最高学历是高中的学生得分也显著高于父母最高学历是初中及以下的学生（3.30分）。

4. 学生的家庭经济状况与实践能力呈正相关

本次调查在了解学生基本信息的过程中，收集了有关学生家庭经济状况的信息。试测的反馈情况显示，很多初中学生不了解家庭收入状况，因此，在实际施测时将这个调查题目设计为选择题。问题是"你的家庭经济情况是"，选项是"很不好"、"不太好"、"一般"、"比较好"和"很好"五项。约25%的学生认为自己的家庭经济状况比较好或很好，约67%的学生认为自己的家庭经济状况一般，仅有8%的学生认为家庭经济状况不太好或很不好。

通过对家庭经济状况与学生实践能力得分做关联分析，可以发现学生认为的家庭经济状况与其各维度得分和实践能力总分均呈显著的正相关，但相关程度不高（表1-13）。家庭经济状况越好的学生，各维度的得分和实践能力总分越高。

表1-13　实践能力与家庭经济状况的相关性

		家庭经济状况	解决问题能力	自我管理能力	沟通与合作能力	工具使用能力	实践能力
家庭经济状况	皮尔逊相关系数	1.000	0.164**	0.114**	0.179**	0.202**	0.199**
	显著性	—	0.000	0.000	0.000	0.000	0.000
	人数	1738	1708	1715	1711	1715	1711

注：** 表示在0.01水平上显著。

5. 学生的学习成绩与实践能力呈显著正相关

本次调查在了解学生基本信息的过程中，收集了学生对学习成绩的自我评价信息，由于没有统一的学业成就测试数据，因此，将这个调查题目设计为选择题，由学生根据自己平时的成绩在班级中的相对位置做出自我评价。问题是"你在班级中的学习成绩是"，选项是"很不好"、"不太好"、"一般"、"比较好"和"很好"五项。约28%的学生认为自己的学习成绩比较好或很好，约50%的学生认为学习成绩一般，约22%的学生认为学习成绩不太好或很不好。

通过对学生学习成绩与实践能力得分做关联分析，可以发现学生对自己学习成绩的自我评价与其各维度的得分和实践能力总分均呈显著的正相关（表1-14）。其中，学习成绩与实践能力、解决问题能力、自我管理能力的相关程度较与沟通与合作能力、工具使用能力略高，说明学生对自己学习成绩的自我评价越好，各维度得分和实践能力总分越高。

表1-14 实践能力与学习成绩的相关性

		在班级中的学习成绩	解决问题能力	自我管理能力	沟通与合作能力	工具使用能力	实践能力
在班级中的学习成绩	皮尔逊相关系数	1	0.365**	0.310**	0.277**	0.144**	0.313**
	显著性	—	0.000	0.000	0.000	0.000	0.000
	人数	1735	1705	1712	1708	1712	1708

注：** 表示在0.01水平上显著。

6. 学生是否住校与实践能力呈显著负相关

考虑到学生是否住校可能影响学生的自我管理能力等，本次调查采集了学生是否有过住校经历的信息。统计结果表明，在参与调查的学生中有72.4%的学生从未住过校，13.3%的学生现在住校，5.4%的学生小学时住过校，8.8%的学生从小学到现在都住校，也就是说约七成学生没有住校经历，约三成学生有住校经历。

通过对是否住校与学生实践能力得分做关联分析发现，有不同住校经历的学生在各维度得分和实践能力总分上均有显著差异，且从未住过校的学生在各维度得分和实践能力总分均最高，从小学到现在都住校的学生各维度得分和实践能力总分均最低。从图1-11可以看出：从未住过校的学生在解决问题能力、沟通与合作能力、工具使用能力及自我管理能力方面得分都是最高的，因此实践能力总分也最高；相反，从小学到现在都住校的学生在各方面的得分都最低。

从各个维度的相关状况看，在解决问题能力方面，小学时住过校的学生显著高于从未住过校的学生，从小学到现在都住校的学生显著低于现在住校和从未住过校的学生；在自我管理能力方面，小学时住过校与现在住校、从未住过校的学生差异不显著，其他两两差异均显著；在沟通与合作能力方面，小学时住过校与现在住校、从小学到现在都住校的学生差异不显著，其他两两差异均显著；在工具使用能力方面，小学时住过校与现在住校、从未住过校的学生差异不显著，其他两两差异均显著。

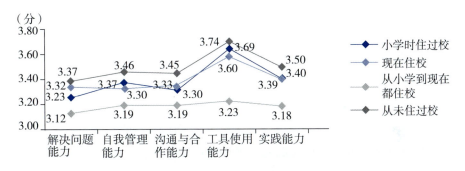

图1-11　不同住宿状况的学生实践能力的差异

在实践能力的总体情况方面，小学时住过校与现在住校的学生差异不显著，其他两两差异均显著。是否住校与学生实践能力呈显著负相关。这一调查结果与课题组之前的假设相反，但是与学生认为家庭教育对实践能力的影响大于学校教育的调查结果相呼应，原因可能是不住校的学生有更多机会接受家长的相关教育（如做家务），更多机会接触外界环境与不同人群交往，或者能更便利地应用计算机网络等。但明确的原因还需要进一步的调查研究。

（三）测评工具的反思与完善

1. 用自陈式量表测评实践能力的局限性

根据中学生的实践能力主要体现为运用知识解决实际问题以及与实际

学习和生活相关的能力的界定，我们认为测评学生实践能力最好的方法是让学生完成一个实际任务，对其在完成任务过程中的表现及最终结果加以评价。但是，目前无论是国际上还是国内，针对学生开展的较大规模的评价项目主要运用的依然是纸笔测验和问卷调查，而且主要是针对学生学业成就的测评和学习背景的调查，没有针对学生技能与能力的大规模测试，特别是没有实践能力的测评。因此，本课题基于较大样本测评的要求，采用了以自陈式量表为主要测试工具的问卷调查。

由于自陈式量表的基本假设是只有受测者最了解自己的实际情况，因为个人随时随地都在观察自己的行为，而他人不可能了解自己行为的所有方面，所以，本次调查的测评结果更接近于学生实践能力倾向，某种程度上是学生对于实践能力的自我评价。而学生在实际生活中综合运用知识解决实际问题的能力可能低于或高于其自我评价，也可能水平相当。这与自陈式量表具有主观性的特点相关。但是，通过访谈，我们对一些调研结果进行了验证，如学业成就与实践能力呈显著正相关、综合实践活动中的学习效果与实践能力呈显著正相关等，这些调查结果与教师所了解的实际情况一致。

2. 基于表现性任务的实践能力测评的可能性

根据实践能力具有实践性、动态生成性、习得性等特点，以及实践能力是在实践活动中形成和发展，并在实践活动中得到表现的性质，如上文所说，评价实践能力的直接和根本方法就是让评价对象完成真实任务、解决实际问题，通过对该过程中评价对象的表现，评估其实践能力的水平。近年来，在评价领域，在真实情境（或接近真实情境）中基于表现性任务的表现性评价渐渐兴起，它能够较为真实地反映学生应用知识解决问题的能力。将表现性评价运用到实践能力的测评中，设计需要学生综合运用知识来解决的真实任务，评价学生在实际完成任务过程中的表现，能够较为真实地衡量学生实践能力的状况与水平。在现阶段，本研究针对较大样本通过实践能力自陈式量表测评了学生实践能力，结合对学生、教师和家长的访谈初步掌握了初中生实践能力的基本状况。在此基础上，未来与针对小样本进行基于表现性任务的学生实践能力测评相结合，将能够更客观、深入地掌握学生实践能力的状况与真实水平。

第二章

解决问题能力

一、解决问题能力的理论研究

（一）解决问题能力概念界定

解决问题是课程学习的重要组成部分（尤其是在数学和物理学习中）。它既可用来检验学生学会了什么、没学会什么，又可表明学生是否明白了所学课程，从而促进理解，即具有检验功能和教学功能。同时，解决问题又超越学科的标准，构成了与教育最普遍的联系，解决问题也就被看作"受过教育"的人的特性。解决问题是思维最一般的形式，是人类适应环境、解决生存与发展中各种问题的基本方式，是实践能力天然的、最基本的也是最重要的组成部分。解决问题作为一种重要的认知活动，不仅对教育理论与实践及人们日常生活中所遇到的普遍问题具有重要意义，而且也是衡量教育的标准之一。

近年来，各国的教育者与决策者都十分重视在情境中考查学生运用知识解决问题的能力，培养问题解决能力成为各国教育改革的重要组成部分，我国各科课程标准中也非常强调这一点。经济合作与发展组织

（OECD）开展的国际学生评价项目（Programme for International Student Assessment，PISA），在 2003 年的测试中也首次引入了问题解决能力测评。

在中小学课程教学领域，问题解决被看作一种高级学习活动，是让学生自己去做的活动。人们普遍认为只有通过问题解决的实践才能提高问题解决的能力，增强对知识的应用，人类的各种智力活动就其实质而言都是一种"问题解决"。这也正是本研究的价值所在，我们应将问题解决从课程教学领域释放出来，在超越学科的层面上进行研究。

（二）解决问题能力评价的研究现状

2005 年 11 月 4 日，"建立国家中小学生学习质量分析与指导系统"项目组与辽宁省教育厅合作，采用抽样的方式对辽宁全省三年级学生的语文和数学，八年级学生的语文、数学、科学和英语等学科进行了测试。该项目中的"解决问题"要求学生能够从所给信息中分析出数学关系，并通过构建数学模型加以解决。学生应该能够从给定的信息中做出合理的假设/猜想和有效的预测和推断；能够借助数据信息或数据处理结果，分析问题情境中可能存在的数量规律；能够将简单几何图形（体）进行分解以简化问题；能够借助一些数学模型解决非常规问题；能够对解决问题过程中使用的数学思想方法进行讨论和评价，并推而广之。

全国教育科学"十五"规划教育部重点课题"小学生学业成就评价改革研究"对小学生问题解决能力的评价进行了研究。该研究对小学生问题解决能力评价的指标体系进行了分解，将问题发现、问题分析和问题解决作为评价问题解决能力的一级指标。问题发现是指通过对问题情境的探索产生新问题，也包括在解决问题的过程中提出新的问题；问题分析是指在理解问题各部分之间关系的基础上，确认问题解决的方向，并对策略进行分析和筛选，对结果进行猜想；问题解决是指运用逻辑推理、操作实验等方法，达到问题解决的目标，并对结果进行表述和反思。

在该研究中，问题发现的二级指标是发现问题的数量和发现问题的质量。问题分析的二级指标有理解问题、确定思路、筛选策略、假设猜想。问题解决的二级指标有推理验证、结果表达、反思矫正（表 2-1）。

表 2 - 1　问题解决能力评价指标体系

一级指标	二级指标	评价要素
问题发现	发现问题的数量	一定时间学生发现问题的多少
	发现问题的质量	一定年级学生发现问题的水平
问题分析	理解问题	明确问题中各部分之间的关系及与周围事物的关系
	确定思路	将问题化简、定向，确认问题解决的方向和目标
	筛选策略	对找到的方法进行比较、选择，确定最佳的策略
	假设猜想	有规律、有目的地猜想结果
问题解决	推理验证	运用逻辑推理、操作实验等方法，达到问题解决的目标
	结果表达	用文字、符号、语言、图画等将解决问题的过程表述出来
	反思矫正	随时发现并矫正自己解决问题的过程和方法，进行再思考、再调整

　　PISA 非常重视对学生如何利用知识解决各类问题，特别是现实世界中的问题的考查。PISA 2003 以数学素养作为考查重点，在读写素养、数学素养和科学素养的基础上，增加了对"问题解决技能"的考查。

　　PISA 测试形式为笔试，并要填写一份有关个人背景及学习情况的问卷。测试题目有多项选择、封闭型问答和开放型问答三种形式。测试内容，包括学生对每个领域中需要学习的知识内容及结构的掌握，以及对知识、技能的运用。它不是简单地重复已学过的知识，而是看学生是否能积极联想、思考。试题是基于儿童生活经验对真实情境的提炼，强调与现实生活的关联。

　　分析推理是 PISA 问题解决技能测评的核心内容。在 2003 年的测验中共设计了 19 个问题，主要围绕生活中普遍存在并具有广泛适用性的三个层面进行测评。题目主要采用多项选择、公开和非公开建构回答三种类型，对测评的结果主要分三个等级进行记录。

　　1 级水平：基本问题解决者。他们能够了解问题的本质，寻找与问题的主要特征有关的信息，也能转化问题中的信息，并以不同形式呈现在问题中，如将信息从表格转化成图画或曲线。但他们只能解决资料来源单一的问题，不能很好地处理有一个以上资料来源的问题，或者需要用提供的信息进行推理的问题，即不能顺利地处理具有多面性的问题。

2 级水平：推理，做出决定的问题解决者。他们能够综合不同来源的信息，运用各种推理如归纳和演绎推理、因果推理或者将多种推理相结合，比较系统地确定情境中所有可能的变化，并能根据要求明确地做出选择。同时，他们能够结合不同形式的说明如书面语言、数字信息和图表信息等，处理不熟悉的说明如设计语言的陈述、与机械有关的流程图等。他们能根据两个或者更多的信息源做出推论。

3 级水平：反思，交流型的问题解决者。他们能有系统地接近问题，不仅能分析情境中的给定条件，做出合理决定，而且还能考虑到其中潜在的因素及其与解决方案之间的联系，建立自己的表达方法，以帮助他们解决问题和检验他们的解决方案是否满足问题的所有要求，并能用准确的书面陈述和其他的表达方法清晰地与他人交流他们的解决方案。他们能够考虑和处理许多条件，如控制变量、说明当时的限制和其他约束，形成独特的解决方案，并成功地解决问题。

如果低于 1 级水平，表示学生只能处理简单易懂，使用很少或根本不用推理进行观察的问题，在面对问题做出决定、分析或评价以及解决问题方面存在很大的困难。

我国在 1990—1991 年参与了第二次国际教育进步评价（IAEP）组织的有 20 个国家和地区参与的研究活动。IAEP 的测试题分为内容和过程两个维度。内容维度共 75 个问题，包括"数与运算"（27 个问题）、"测量"（13 个问题）、"几何"（11 个问题）、"数据分析、统计与概率"（9 个问题）以及"代数及函数"（15 个问题），过程维度则包括概念性理解、程序性知识和问题解决。

其中，问题解决是指学生将他们的知识应用于新的问题情境的能力，它要求学生能识别所遇到的问题，能判断这些问题的条件是否完备，并能根据已知条件构造和选择恰当策略、综合所学知识去解决问题，同时能对解题过程及答案做出评价，判断解题过程和答案的正确性。它反映了学生将所学知识综合应用于新的问题情境的能力。

　　梅耶（Richard E. Mayer）的研究对我们设计测试题很有启发。他提出了一个研究解决数学文字题的认知分析模型。该模型基于以下假定。解决问题的两个主要阶段是：（1）表征问题，（2）寻求解决这个问题的手段。为了把问题表征出来，学生必须能够把这个文字题中的每句话转化成具有内部表征的形式，比如一个方程，而且能够把这个问题的每个部分整合成一个连贯的整体。为了找到解决这个问题的方法，学生还必须能找到一个充分有效的运算法则，然后准确无误地执行这个运算法则。在梅耶的模型中，解决数学文字题的认知过程被分解成如下步骤。①转换：学生把某句话转换成自己的心理表征。②整合：学生把选择的信息综合在一起，对整个问题进行表征。③计划：学生把问题分成小的问题，分成几个相关的步骤。④执行：这个过程中，学生对计划进行具体的操作，强调执行的过程。

　　与梅耶的模型相接近，我国台湾地区的学者黄茂在和陈文典提出了问题解决能力的分类及其评价方法——"三项"评价法。黄茂在和陈文典认为，问题解决过程中的各个阶段包含了 20 项不同的能力（表 2 - 2）。

表 2 - 2　问题解决过程中运用的能力

问题解决的过程	相对应的"四阶段"	各阶段运用的能力
发现问题	理解和表征问题阶段	1. 对境况的发展能保持正向、积极的心态 2. 面对问题能够先做合理评估，并具有勇于承担的态度 3. 借助批判和想象等思维活动，意识到问题情境中还可能有许多开拓空间
确定问题		4. 能根据情境演变的脉络，确定问题的意义 5. 能准确评估问题的初始状态和预测问题的最终状态 6. 能洞察问题的各层次结构，并从结构中发现解决问题的关键 7. 能适当和准确地评估可运用的资源及限制条件 8. 能恰当地表述问题

续表

问题解决的过程	相对应的"四阶段"	各阶段运用的能力
形成策略	寻求答案阶段	1. 能借助推论和想象来开拓问题的发展空间 2. 能同时拟定多种解题策略，能合理地进行决策
执行实现	执行计划或尝试解答阶段	1. 能以行动来处理问题，具有动手实做的习惯 2. 具有行动能力，能控制变量并做有条理的处理 3. 能随机处理预料之外的情境变化，使工作持续地沿主轴推进 4. 养成能在过程中随时对"要达成的目标"、"教学活动"和"评价"三者进行相互校正的习惯
整合成果	评价结果阶段	1. 对所获得的信息，能统合整理出成果，并做出合理的评价 2. 能根据事件的前因后果，发现其中的意义并做解释 3. 能观察到处理问题过程中的不足之处和可以改进的地方
推广应用		4. 体会处理问题过程中所产生的影响，并做合理的调节 5. 了解问题后续的发展，并做适当的处理 6. 获得经验，并应用于解决其他的问题

为使表2-2中的指标便于观察，黄茂在和陈文典建议使用"面对问题的态度"、"处理问题的方式"和"问题解决的品质"三项来评价，并且为了使评价中的指标项更具可观察性，他们还对解析出来的三项内涵（"态度"、"方式"和"品质"）加以详细的界定（表2-3）。

表 2-3 问题解决能力的评分指标

评量的项目：五等级 精熟度评分指针		所对应的各项能力的表现
面对问题的态度	5. 面对问题能事先评估，觉得合理后能勇于承担责任 4. 接纳问题，并认真去处理 3. 承接问题，动手去执行 2. 承受问题，参与支持性的活动（不去承担责任） 1. 没有参与的意愿，但尚能敷衍式地参与活动	［正向态度］ • 对境况的发展能保持正向、积极的心态 • 面对问题能先做合理评估，并具有勇于承担的态度 • 养成一种遇到问题时，先行考虑、了解、规划的习惯 ［了解问题］ • 能根据情境演变的脉络，确定问题的意义 • 能准确评估问题的初始状态和预测问题的最终状态 • 能洞察问题各层次结构，并从结构中发现解决问题的关键 • 能适当和准确地评估可运用的资源及限制条件 • 能恰当地表述问题
处理问题的方式	5. 了解问题并能掌握目标，合理地、有效地、协调地去推行 4. 知道问题，并能合理有效地去执行 3. 能与人合作，负责努力地完成自己应完成的工作 2. 能接受分派的任务，实地去执行 1. 未能了解问题，随机反应、盲目尝试，不计后果	［执行实现］ • 能以行动来处理问题，具有动手实做的习惯 • 具有行动力，能控制变因做有条理的处理 • 能随机处理预料之外的情境变化，使工作持续沿主轴推进 • 养成能在过程中随时对"要达成的目标"、"教学活动"和"评价"三者进行相互校正的习惯 • 能与人分工合作完成工作 ［鉴赏结果］ • 能由事件的前因及后续发展中看出其意义并做诠释 • 对所获得的信息，能统合整理出成果及做合理的评价
问题解决的品质	5. 能经由创造性的工作，获得可信赖的、优良的成果 4. 能切实有效地执行，获得可信的成果 3. 能依指示去执行，所得结果符合一般常情 2. 所依据资料勉强可信，所得结果尚可交差 1. 处理问题零乱遗落、有始无终	［批判创造］ • 对所获得的信息，能统合整理出成果，并做合理的评价 • 能借助推论和想象来开拓问题的发展空间 • 能同时拟定多种解题策略，也能合理地进行决策 • 能观察到处理问题过程中的不足之处和可以改进的地方 • 了解问题后续的发展，并做适当的处理 • 体会处理问题过程中所产生的影响，并做合理的调节 • 获得经验，并应用于解决其他的问题

这里把问题解决能力分成三项来评价，只是为了评价时观察的方便。三个评价项目之间的联系是很紧密的，有一项做得好，三项都会有提升，反之亦然。所以，这样的划分对问题解决能力的评价并不会有质的影响。

"三项"评价法具体包括如下一些步骤。

第一，问题情境的设置，即设计一个问题，或者利用现成的实验活动。这样的问题需要具备以下特征：学生能够掌握问题的规模；最好需要小组合作；需要经历完整而明显的确认、估计、策划、执行、核查等过程；其过程和成果是可观测的。此外，评价可以针对某一次处理问题的表现，也可以是对一个人多次处理问题表现的综合性评价。例如，要讨论 A、B 两种肥料对某植物生长的影响，试拟一个实验计划，规划工作流程，以便了解它们是否合适及其使用方法。对此，除了要求学生提交详细的实验计划之外，最好是再加上实际的操作。因为仅仅通过书面的方式评价问题解决的能力和习惯是很不够的，还需要在实际的操作中观测，而且这才是评价的重点。就上例而言，通过书面的计划及说明可以了解学生对变量的控制情况，通过实际操作评价者可以观察学生制造不同浓度的肥料及确定种植技术的能力等。

第二，问题解决能力的评分流程及安排。获取学生处理问题的过程及结果的资料；观测问题解决过程中涉及的能力表现指标项；设定三项评价项目之间的加权比值（教师可以自己决定和调整该比值，但在同一问题的同一次评价中，需要使用统一的加权比值）；评价问题解决能力的"态度"、"方式"和"品质"三个评价项目的成绩。

当学生在设定的问题情境中尝试解决问题（按要求提供书面材料，并实际进行问题解决）之后，教师就可以根据学生的表现，按照他们"面对问题的态度"、"处理问题的方式"和"问题解决的品质"来评定他（她）解决问题能力的等级。

第三，评价结果的计算。在统计评价结果时，根据问题解决能力的评分指标来评出学生在"态度"、"方法"和"品质"三项上的得分；分别列出三项的得分，依据四舍五入法选取评语（但原分数不变）；将三项的得分加起来进行总体的评价，评价等级如下。A 级（excellent）：≥12 分；

B 级（very good）：≥9 分；C 级（good）：≥6 分；D 级（fair）：≥3 分；E 级（improvement）：≥0 分。

第四，评价结果的解释。根据评分程序计算出问题解决能力的得分之后，教师就需要对这个分数做出适当的解释。这些解释一方面可以作为后续教学工作的参考；另一方面也可以向学生提供一定的关于自身能力优势和不足的反馈信息。这些解释主要依据问题解决能力的评分指标做出，教师也可以根据具体的情况加以细节性的补充说明。

复式问答日志对于本研究考查学生的解决问题能力也具有参考价值。复式问答日志是一种表现性评价，它主要使用了复式问答法作为工具评价。当学生着手处理一个问题时，教师可以要求学生对这个正在处理的问题做出评论，并以日志的形式对自己在问题解决各个阶段中的表现加以记录（可以的话，学生应该提供相应的证明材料）。教师可以根据学生的这些表现做出评论，可以分析这个过程，提出如何使学生提高表现质量的建议，然后让学生对这些建议做出反馈。这种对话可一直持续到任务结束。

与"三项"评价法的评价标准不同，复式问答日志的评价可以不针对整个问题解决过程中的所有能力表现，而是针对特定的问题解决阶段。教师可以根据具体的教学需要，以及自己想要了解的学生某方面的能力来设计问题。只要将某种能力的表现细化（使用五点量表），就可以将其作为评价的标准来使用。

此外，还有一些关于问题解决过程的表现性评价方法，有的可能适合于对整个过程进行评价，有的可能只适合于评价某些特定的问题解决阶段。如核查表、总结报告、开放性和指导性的回答、一些视觉工具的使用、流程图、同伴问题解决活动和解释性练习等。

在问题解决过程中，一个最重要的部分就是对策略的使用。有关问题解决策略的教学研究强调，教师是帮助学生建构策略过程中的一个重要角色。在对问题解决过程的评价中，已经包含了一些对策略的评价，但这些策略主要是作为整个问题解决过程中学生已有的一项能力来被评价的，另有一些解决问题的策略是被教师作为教学内容传授给学生的，需要有专门的评价，主要包括一般领域问题解决策略的评价和特殊领域问题解决策略的评价。主要方法包括复式问答、表现性任务、开放性和指导性的问答、真实性任务、观察、访谈、成长记录袋、核查表、量规和等级量表等。

综上所述，专门针对问题解决能力进行的调查研究少之又少，包括"三项"评价法在内的一些针对问题解决过程和策略的评价方法与手段，也都是以学生个体为对象，对学生解决问题进行全过程、全方位、多角度的全面观察，均不适用于本研究所要进行的大规模调查。因此，我们必须另辟蹊径。

二、解决问题能力框架设计

（一）能力框架的设计依据

1. 解决问题的过程

对于解决问题的过程人们虽然有诸多说法，但实质内容却非常接近，可以归纳为五个方面。

（1）明确问题

明确问题就是理解当前存在的问题，它是解决问题的起点。例如，对问题进行定性，将问题归类等。这一步骤决定了随后整个解决问题的方向。研究证明，新手往往忽略这一步，而是用当下即刻想到的内容确定问题的性质。相比之下，某个领域的专家往往会多用一些时间来思考问题的本质。

（2）表征问题

对问题的表征又称对问题的理解。所谓理解，其心理学的含义就是学生用原有的适当的知识同化新知识，把问题中的陈述转换成学生内部的心理表征的过程，也就是将问题的任务要求转换为内部的心理结构。一般认为，对问题的表征是否恰当，直接影响到解决问题的难易和速度。问题表征常以两种形式出现。一种形式就是简单地思考抽象意义上的问题，而不管字面的意义，称为内在表征。另一种形式就是用某种切实可行的方式加以表示，如图画、示意图或者方程等，称为外在表征。

（3）选择策略

经过发现问题和表征问题之后，接下来的环节就是选择恰当策略。选择恰当策略实际上是对问题的表征进行操纵，寻找出一条达到目标的解题线路的过程。对问题的表征不同，所选择的解题策略也不同。假如一个问题相对简单，在长时记忆中已经储存了该类型问题的图式，那么经过模式再认，就可直接提取适当的解决方法，这样对问题空间的搜索时间就能大大缩短。但若问题比较复杂，解决方法不能直接提取或不为问题解决者所知，就要使用更为复杂的搜索策略。

（4）应用策略

应用策略也可看作是将设计的解题计划付诸实施，达到终点状态的过程。在这个过程中，是否熟练掌握相应的程序性知识是关键，其间也伴随着反省认知等监控过程。个体是否成功地应用某种策略，在很大程度上取决于对问题的表征和所选择的策略。在这一环节上存在着很大的个体差异。有的人可能应用策略相当熟练，可以迅速正确地解决问题。有经验的人可以在应用中发现策略是否恰当并能做出迅速改变，以采用更合适的策略，表现出比较强的灵活性。而有的人则可能首次使用该策略，由于粗心，容易出现一些错误。这样的人在遇到意外情况时往往不改变策略，仍然固执使用不恰当的策略，导致解决问题失败。

（5）评价反思

计划实施后，学生还要对自己的求解过程和结果进行检验和评价，判断解题过程是否合理、简便，结果是否正确。如发现错误，要找出原因，并予以纠正。在这个过程中，反省认知与计算技能都很重要。评价反思是解决问题的最后环节，也是学生常常感到困难和忽视的一步。特别是从该解决问题活动中得到一些值得借鉴的经验和教训，这一点更容易被忽视。

2. 解决问题的能力构成

解决问题的能力应该由四个方面构成，即知识与技能、方法与策略、评价与反思和动机与态度。

（1）知识与技能

知识是对客观的人和事物的认识，技能是通过训练而获得的顺利完成某种工作任务的动作方式和动作系统。

表征模式也应被视为一种技能。在解决问题过程中，一个解决者首先需要把这个问题表征出来。问题的表征包括问题所给定的初始状态和问题最终要达到的目的。问题表征的发展对问题的解答会有很大的影响。与表征模式有密切联系的交流能力也是解决问题不可或缺的重要技能。

（2）方法与策略

方法是为达到某种目的而采取的途径、步骤、手段等，如算法、启发式法、手段—目的分析、后推法、类比法、简化法等。

策略是实现目标的行动方针和方案集合。解决问题的策略通常指选择、组合、改变或操作命题的一系列规则，是最高层次的解题方法。每一个解决问题的人面对问题采取什么样的策略，这是选择性的思维操作。确定解决问题的关键策略，选择最佳的策略，这是成功的保障。认知心理学家区分了两种类型的认知策略：一般的认知策略（弱策略）以及特定领域内的认知策略（强策略）。解决问题的一般策略，诸如脑风暴、手段—目标分析、类比推理、样例的使用等都能在不同的方面应用于问题解决。但特殊的策略只能用于解决特定领域的问题。在特定领域的策略方面，专家具有自己领域的特殊解题策略。需注意的是，专家所采取的特殊策略是依据各领域特点而发生变化的。各领域专家采取的特殊策略各不相同，但有一点共同之处，即专家常常采用与该领域最相适宜的策略。一些常用的解决问题的基本策略包括：通过制表分类、组织或分析数据；通过试探—错误—修正，逼近问题；寻找和使用一个模型；画一个简图；解决一个或几个相关的简单问题；寻找一个反例；估计和猜测答案；数形结合或转换；比较和类比；考虑逆否命题或逆推；排除不可能的选择；用多种方法解决问题；对问题做推广研究。

（3）评价与反思

评价是对评价对象的判断，反思则是自我反省。

评价与反思包括两层含义。一是对获得结果的整个思考过程进行检查，检验推理是否合理，答案是否正确。二是可以从该解决问题活动中得到一些值得借鉴的经验和教训。后者在实践中往往容易被师生忽视。进行评价与反思的方法主要有：①找出该问题解决过程中的主要困难及关键，弄清楚自己是如何寻找思路的；②对解题方法重新评价，以找到更有效的方法；③思考该解决问题过程中有哪些技巧可以在以后类似的场合中使用；④弄清楚该问题解决值得吸取的教训是什么；⑤概括出该类型问题的一般结构、特点及所用解题方法，而对于那些经过一番周折才解出或经别人指点后才完成的题目尤其要进行认真的反思。

（4）动机与态度

动机是引起与维持个体活动，并使该活动指向某一目标的内部动力或过程。态度是通过学习形成的影响个体行为选择的内部状态。

由动机引起的行为活动是有方向的，目标是个体行为的方向盘，能对行为的方向加以调节和引导。动机的性质不同，行为的目标也会有所差异。由动机所引发与维持的活动，既包括身体方面的活动，又包括心理方面的活动，身体方面的活动包括努力、坚持性、对行为的控制等；心理方面的活动包括认知行为如计划、组织、监控、决策、解决问题以及对其进行的评估等。

态度来源于人们基本的欲望、需求与信念，就认知过程来说也就是道德观与价值观。态度具有对象性，它总是针对某种事物的；态度具有评价性，它意味着是否赞同该事物；态度相对于情绪具有稳定性，它是一种对事物比较持久的而不是偶然的倾向；态度是个体内在的心理状态，往往不能为别人所直接观察到，但它最终会通过当事人的言行表现出来。

动机与态度对解决问题的行为有巨大影响，这个系统是解决问题的驱动力，是解决问题能力成分中不可缺少的部分。它关系到一个解决问题的人如何看待自己，如何看待问题，如何看待周围环境的系统。一个成功的解决问题的人通过对问题的圆满解决，对自己充满信心，进而以满腔热情投入对问题的总结和推广中，或者以更大的激情去解决新问题。反之，不能成功解决问题的人则丧失信心，认为自己缺乏解决问题的能力。

3. 解决问题的影响因素

解决问题能力的影响因素可以分为外部因素和内部因素。外部影响因素非常复杂，教师的教学方式无疑是最容易被认可的因素，但是学生所处的地域、学校（班级）、家庭等环境因素也都可能成为影响因素。解决问题是一种高层次的思维活动，内部因素应该起到决定性的作用，根据实验心理学的观点，这些内部因素包括以下内容。

（1）有关的知识经验

解决问题的任何一个阶段都涉及有关知识，没有相应的知识不仅难以发现问题，而且将缺乏分析问题的基础和提出假设所必需的依据，即使检验假设也必须具有相应的知识。知识对解决问题的影响，还涉及在必要时是否能及时回忆起已有的有关知识，并恰当地加以综合应用。

（2）心智技能发展水平

心智技能是影响解决问题的极重要因素，因为解决问题主要是通过思维进行的，心智技能正是思维能力在解决问题中所表现出的技能。另外，个性特点，如独立性、自信心、坚韧性、精密性、敏捷性、灵活性以及兴趣等，均会对解决问题的效率产生一定的影响。

（3）问题情境与表征方式

每一问题中所包含的事件和物体（不论是实物或是以词语陈述的），当它们呈现在问题解决者面前时，总要涉及特定的空间位置、距离、时间的先后（或同时）顺序，以及它们当时所表现的特定功能，所有这些具体特点及其间的关系就构成特定的刺激模式。如果刺激模式直接提供了适合于问题解决的线索，就有利于找出解决的方向、途径与方法；如果刺激模式掩蔽或干扰了线索，就会增加解决问题的困难，甚至导向歧途。

（4）思维定式与功能固着

思维定式是指连续解决一系列同类型课题所产生的定型化思路。这种思路对同类的后继课题的解决是有利的；如果后继课题虽可以用前法解决，但也可以采用更合理、更简易的步骤，那么思维定式就会成为障碍，从而影响解题的速度与合理性。

功能固着是指个体在解决问题时往往只看到某种事物的通常功能，而看不到它在其他方面可能有的功能。这是人们长期以来形成的对某些事物的功能或用途的固定看法。功能固着对解决新问题有很大的阻碍作用，在解决问题的过程中，人们能否改变事物固有的功能以适应新的问题情境的需要，常常成为解决问题的关键。

（5）原型启发与酝酿效应

原型启发是指根据事物的本质特征而产生新的设想和创意。原型启发是一种创新思维方法。生活中所接触的事物的属性和特征，在头脑中可形成"原型"。在解决问题过程中，解决者从原型中获得一些原理的启发，从而能结合当前问题的有关知识形成解决方案，创造性解决问题。原型启发理论有助于人们更清楚地认识创造性思维过程，为创造性思维的培养提供支撑。

酝酿效应又称直觉思维，是指反复探索一个问题的解决而毫无结果时，把问题暂时搁置几小时、几天或几个星期，由于某种机遇而突然产生新想法、新思路，百思不得其解的问题一下便找到了解决的办法。

（二）解决问题能力测试框架的建构

解决问题的过程具有不可重复性，当一个个体经历了一个解决问题的过程之后，再解决同样的问题时面对的就不再是一个问题了。对一个个体能称为问题的，对另一个个体来说则未必。因此，对解决问题能力的测试，只需要确定一些对解决问题能力有重要影响的关键指标，对这些指标进行测评即可。至于这些关键指标的确定，也不必在学理上过于纠结于它们的逻辑性、层次性，而应以实用、可测为原则。

通过对解决问题的过程、能力构成和能力的影响因素进行分析、筛选、整合，即可确定本次调查的测试框架。

本次调查的测试框架是综合考虑了过程要素和能力构成要素及其影响因素而形成的。过程要素有明确问题、表征问题、选择策略、应用策略、评价反思等，能力要素有知识与技能、方法与策略、评价与反思和动机与态度等，影响因素有相关的知识经验、心智技能发展水平、问题情境与表征方式、思维定式与功能固着和原型启发与酝酿效应等。

解决问题能力的测试框架如表2-4所示。

表2-4　解决问题能力框架

维度	一级指标(核心能力)	二级指标（具体表现）
解决问题能力	提出和表征问题的能力	• 借助批判和想象等思维活动，意识到问题情境中还可能有许多开拓空间 • 有提出问题的意识并能提出有价值的问题 • 找出相关信息而忽略无关的细节，准确地表征问题 • 能洞察问题各层次结构，并从结构中发现解决问题的关键 • 能进行问题之间的比较和类比
	使用方法与策略的能力	• 面对问题能够先做出合理评估 • 能找到解决问题的途径 • 能将问题划分成若干子问题 • 能根据目的分析解决问题需要的条件 • 能同时拟定多种解题策略 • 能想好解决问题的步骤
	调控解决问题过程的能力	• 能体会处理事件过程所产生的影响，并做合理的调节 • 有行动能力，具有勇于承担的态度 • 对境况的发展能保持正向、积极的心态
	评价与反思的能力	• 能对解决问题的结果较为恰当地做出评价 • 能对解决问题的过程方法重新评价，以找到更有效的方法 • 能说明自己是如何寻找思路的 • 能说出一些在解决问题中使用过的，在以后类似场合还可以使用的技巧 • 能找出解决问题过程中的主要困难及关键

三、测试工具的设计与说明

依据解决问题能力框架编制测试题，以程度题为主，辅以必要的调查题。

（一）程度题

表 2 - 5　解决问题能力测评工具（程度题）

一级指标	题　目	出题宗旨
提出和表征问题	2. 我从未想过要让身边的事情发生改变。	借助批判和想象等思维活动，意识到问题情境中还可能有许多开拓空间
	6. 我总能提出大家都感兴趣的问题。	有提出问题的意识并能提出有价值的问题
	9. 我能用三言两语就把一个问题说清楚。	找出相关信息而忽略无关的细节，准确地表征问题
	23. 我习惯把一个问题分成几个问题分别解决。	能洞察问题各层次结构
	26. 我能借助打比方的方式把问题说清楚。	能进行问题之间的比较和类比
使用方法与策略	12. 我做事情的思路总是不如其他同学巧妙。	能发现解决问题的关键
	16. 我做事情总是心里没底。	面对问题能够先做出合理评估
	20. 遇到没做过的事情我总会无从下手。	能找到解决问题的途径
	30. 我往往事先就能判断出一件事情能不能做成。	能根据目的分析解决问题所需要的条件
	34. 我常常能想出很多办法来做成一件事情。	能同时拟定多种解题策略
	37. 我很难事先想好解决问题的步骤。	能想好解决问题的步骤
调控解决问题的过程	40. 我只按照事先想好的办法去做事情。	体会处理事件过程所产生的影响，并做合理的调节
	44. 我做事情没有明确的目标，做到什么程度就是什么程度。	动机的强弱
	47. 我知道每个环节和要解决的问题之间的关系。	过程的监控
	51. 遇到问题，只有到了非解决不可的地步我才会尝试去解决它。	行动能力
	54. 遇到问题，我首先会寻求帮助。	具有勇于承担的态度
	58. 我做事情遇到的困难越大热情也越高。	对境况的发展能保持正向、积极的心态

一级指标	题　目	出题宗旨
评价与反思	61. 我对一件事情完成得好与坏的评价常常能得到同学们的赞同。	对解决问题的结果能较为恰当地做出评价
	65. 我每做完一件事情，都会认真回顾自己的做法和过程，以便今后做得更好。	能对解决问题的过程方法重新评价，以找到更有效的方法
	69. 我总是不能讲清自己解决问题的思路。	能说明自己是如何寻找思路的
	72. 做完一件事情之后，我总能意识到有一些方法在做另一些事情的时候也用得上。	能说出一些在解决问题过程中使用过的，在以后类似场合还可以使用的技巧
	76. 做完一件事情之后，我常常不清楚其中最关键的环节是什么。	能找出解决问题过程中的主要困难及关键

（二）调查题

表 2-6　解决问题能力测评工具（调查题）

题　目	出题宗旨
17. 以下哪一种与你的情况最接近？ A. 家里有很多事情需要我独立承担 B. 我在家里会主动替长辈去解决一些问题 C. 长辈们不让我做家务 D. 我不喜欢做家务	了解解决问题的意识和能力与家庭环境和教养方式的关系

四、研究结果与讨论

解决问题能力维度共有22题，分别涉及提出和表征问题的能力、使用方法与策略的能力、调控解决问题过程的能力和评价与反思的能力等指标。

（一）解决问题能力的总体状况

从总体上说，学生解决问题的能力亟待提高，没有一道题的平均得分在 4 分以上。在 22 道题中，有半数题目平均得分在 3 分以下，低于或略低于一般水平，其余 50% 的题目平均得分都在 3—4 分，即一般水平，其中接近 4 分的，即可以认为接近相对比较好的能力水平的仅有三道题。如表 2 - 7 所示，和实践能力的其他三个维度相比较，解决问题能力的平均得分是最低的，仅为 3. 3346 分，低于实践能力总体平均得分（3. 4524 分），情况不容乐观。而在解决问题能力的四个维度中，提出和表征问题的能力平均得分最低，为 3. 2658 分，其次是评价与反思的能力，为 3. 3379 分。这两种能力恰恰体现了解决问题能力最重要的方面。另外，调控解决问题过程的能力平均得分为 3. 3582 分，低于使用方法与策略的能力（3. 3635 分）。四个维度在得分上的排序由低到高依次为提出和表征问题的能力、评价与反思的能力、调控解决问题过程的能力和使用方法与策略的能力，这与它们在解决问题能力中的重要程度的排序完全一致（图 2 - 1 至图 2 - 4）。越重要的方面得分越低，这一状况令人担忧。

表 2 - 7　解决问题能力的总体状况

	人 数	最小值	最大值	均 值	标准差
提出和表征问题的能力	1708	1. 00	5. 00	3. 2658	0. 66076
使用方法与策略的能力	1714	1. 00	5. 00	3. 3635	0. 61430
调控解决问题过程的能力	1712	1. 00	5. 00	3. 3582	0. 64833
评价与反思的能力	1713	1. 00	5. 00	3. 3379	0. 67268
解决问题能力	1710	1. 45	4. 91	3. 3346	0. 51128
实践能力	1713	1. 82	4. 91	3. 4524	0. 47718

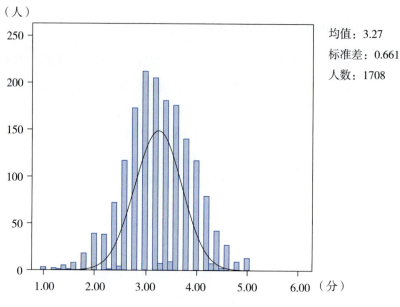

图 2 - 1　提出和表征问题的能力得分分布

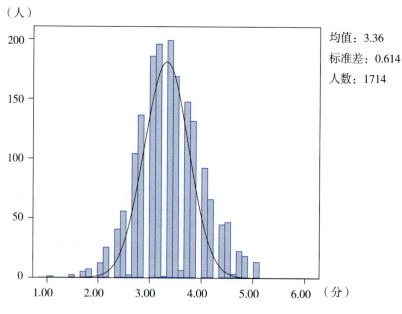

图 2 - 2　使用方法与策略的能力得分分布

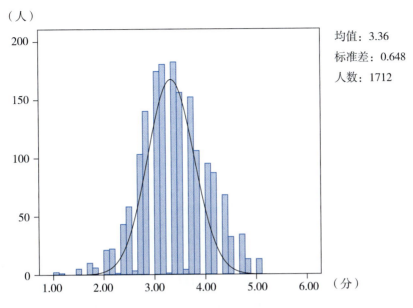

均值：3.36
标准差：0.648
人数：1712

图 2 - 3　调控解决问题过程的能力得分分布

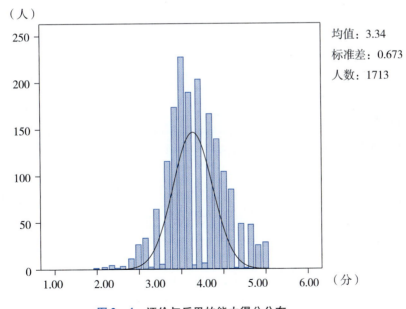

均值：3.34
标准差：0.673
人数：1713

图 2 - 4　评价与反思的能力得分分布

（二）解决问题能力各维度的状况

1. 提出和表征问题的能力不足，问题意识最为欠缺

学生们在"借助批判和想象等思维活动，意识到问题情境中还可能有许多开拓空间"方面得分较低，说明问题意识较差。如在学生调查问卷第二部分（程度题），"2. 我从未想过要让身边的事情发生改变"平均得分仅为 2.43 分，甚至连一般水平都未达到。相比较而言，提出问题的能力得分要比提出问题的意识强一些，但也仅处于一般水平，如"6. 我总能提出大家都感兴趣的问题"平均得分为 3.26 分。用于了解学生能否找出相关信息而忽略无关的细节、能否进行问题之间的比较和类比的题目，如"9. 我能用三言两语就把一个问题说清楚"，平均得分为 3.01 分，"23. 我习惯把一个问题分成几个问题分别解决"，平均得分为 3.07 分，都只是勉强达到一般水平。用于了解学生能否准确地表征问题的题目，如"26. 我能借助打比方的方式把问题说清楚"平均得分稍高一些，但也仅为 3.42 分（表2－8）。

表 2－8　提出和表征问题的能力得分情况

题　目	人　数	最小值	最大值	均　值	标准差
2. 我从未想过要让身边的事情发生改变。	1722	1	5	2.43	1.179
6. 我总能提出大家都感兴趣的问题。	1709	1	5	3.26	1.083
9. 我能用三言两语就把一个问题说清楚。	1717	1	5	3.01	1.039
23. 我习惯把一个问题分成几个问题分别解决。	1707	1	5	3.07	1.153
26. 我能借助打比方的方式把问题说清楚。	1722	1	5	3.42	1.103

2. 使用方法与策略的能力还很欠缺

该维度共有六道题目，其中四题平均得分均在 3 分以下，低于一般水

平，说明学生在解决问题过程中使用方法与策略的能力还很欠缺。"12. 我做事情的思路总是不如其他同学巧妙"旨在了解学生是否能洞察问题各层次结构，并从结构中发现解决问题的关键，平均得分仅为 2.70 分。"16. 我做事情总是心里没底"旨在了解学生面对问题能否先做出合理评估，平均得分仅为 2.68 分。"20. 遇到没做过的事情我总会无从下手"旨在了解学生能否找到解决问题的途径，平均得分仅为 2.58 分。"37. 我很难事先想好解决问题的步骤"旨在了解学生能否想好解决问题的步骤，平均得分仅为 2.67 分。"30. 我往往事先就能判断出一件事情能不能做成"旨在了解学生能否根据目的分析解决问题所需要的条件，平均得分相对高一点，为 3.31 分，达到了一般水平。"34. 我常常能想出很多办法来做成一件事情"旨在了解学生能否同时拟定多种解题策略，得分情况相对好一点，平均得分为 3.50 分（表 2 - 9）。

表 2 - 9 使用方法与策略的能力得分情况

题　目	人　数	最小值	最大值	均　值	标准差
12. 我做事情的思路总是不如其他同学巧妙。	1727	1	5	2.70	0.986
16. 我做事情总是心里没底。	1717	1	5	2.68	1.180
20. 遇到没做过的事情我总会无从下手。	1726	1	5	2.58	1.098
30. 我往往事先就能判断出一件事情能不能做成。	1718	1	5	3.31	1.110
34. 我常常能想出很多办法来做成一件事情。	1724	1	5	3.50	1.029
37. 我很难事先想好解决问题的步骤。	1713	1	5	2.67	1.098

3. 调控解决问题过程的能力比较薄弱

和使用方法与策略的能力一样，在调控解决问题过程的能力这一维度的六道题中，有四道题的平均得分不足 3 分，另两题平均得分介于 3—4 分，但没有超 3.5 分，仅仅达到了一般水准。

"40. 我只按照事先想好的办法去做事情"旨在了解学生能否体会处理事件过程所产生的影响，并做合理的调节，平均得分为 2.85 分。"44. 我做事情没有明确的目标，做到什么程度就是什么程度"旨在了解学生解决问题动机的强弱，平均得分为 2.63 分。"51. 遇到问题，只有到了非解决不可的地步我才会尝试去解决它"旨在了解学生的行动力，平均得分为 2.48 分。"54. 遇到问题，我首先会寻求帮助"旨在了解学生是否具有勇于承担的态度，平均得分为 2.55 分。"47. 我知道每个环节和要解决的问题之间的关系"旨在了解学生对过程进行监控的能力，平均得分为 3.33 分。"58. 我做事情遇到的困难越大热情也越高"旨在了解学生能否对境况的发展能保持正向、积极的心态，平均得分为 3.33 分（表 2 - 10）。

表 2 - 10　调控解决问题过程的能力得分情况

题　目	人　数	最小值	最大值	均　值	标准差
40. 我只按照事先想好的办法去做事情。	1719	1	5	2. 85	1. 097
44. 我做事情没有明确的目标，做到什么程度就是什么程度。	1712	1	5	2. 63	1. 173
47. 我知道每个环节和要解决的问题之间的关系。	1705	1	5	3. 33	1. 040
51. 遇到问题，只有到了非解决不可的地步我才会尝试去解决它。	1719	1	5	2. 48	1. 177
54. 遇到问题，我首先会寻求帮助。	1717	1	5	2. 55	1. 170
58. 我做事情遇到的困难越大热情也越高。	1714	1	5	3. 33	1. 145

4. 评价与反思的能力有待提高

评价与反思能力维度的五道题目虽然均分排位靠后，但各题的得分比较均衡，总体情况相对于解决问题能力的其他三个维度要略好一些。五道题中，只有两道题平均得分低于 3 分。但低于 3 分的题目集中在反思能力上，如解决问题的思路、找到解决问题的关键环节，其他题目则偏重于了解反思的意识和评价能力，这种情况说明学生的反思能力比较欠缺。

"61. 我对一件事情完成得好与坏的评价常常能得到同学们的赞同"旨在了解学生能否对解决问题的结果做出恰当的评价，平均得分为 3.13 分。"65. 我每做完一件事情，都会认真回顾自己的做法和过程，以便今后做得更好"旨在了解学生能否对解决问题的过程方法重新评价，以找到更有效的方法，平均得分为 3.32 分。"69. 我总是不能讲清自己解决问题的思路"旨在了解学生能否说明自己是如何寻找思路的，平均得分为 2.69 分。"72. 做完一件事情之后，我总能意识到有一些方法在做另一些事情的时候也用得上"旨在了解学生能否说出一些在解决问题过程中使用过的，在以后类似场合还可以使用的技巧，平均得分为 3.63 分。"76. 做完一件事情之后，我常常不清楚其中最关键的环节是什么"旨在了解学生能否找出解决问题过程中的主要困难及关键，平均得分为 2.70 分（表 2 - 11）。

表 2 - 11　评价与反思的能力得分情况

题　目	人　数	最小值	最大值	均　值	标准差
61. 我对一件事情完成得好与坏的评价常常能得到同学们的赞同。	1713	1	5	3.13	0.984
65. 我每做完一件事情，都会认真回顾自己的做法和过程，以便今后做得更好。	1720	1	5	3.32	1.127
69. 我总是不能讲清自己解决问题的思路。	1704	1	5	2.69	1.102
72. 做完一件事情之后，我总能意识到有一些方法在做另一些事情的时候也用得上。	1707	1	5	3.63	1.028
76. 做完一件事情之后，我常常不清楚其中最关键的环节是什么。	1708	1	5	2.70	1.110

（三）解决问题能力的差异分析

1. 男女学生在解决问题能力上无显著差异

结果表明，男女学生在运用知识解决问题能力上无显著差异（表 2 – 12 和表 2 – 13）。

表 2 – 12　男女学生解决问题能力得分分布

	人　数	均　值	标准差	标准误	95%　置信区间		最小值	最大值
					下限	上限		
男	779	3. 3193	0. 51736	0. 01854	3. 2830	3. 3557	1. 77	4. 91
女	823	3. 3528	0. 50147	0. 01748	3. 3185	3. 3871	1. 45	4. 91
合计	1602	3. 3365	0. 50937	0. 01273	3. 3116	3. 3615	1. 45	4. 91

表 2 – 13　解决问题能力性别差异分析

	平方和	自由度	均方和	F 值	显著性
组间	0. 448	1	0. 448	1. 729	0. 189
组内	414. 948	1600	0. 259	—	—
合计	415. 396	1601	—	—	—

2. 不同父母最高学历的学生在解决问题能力上有显著差异，且父母最高学历越高，学生解决问题能力的总分越高

结果表明，不同父母最高学历的学生在运用知识解决问题能力上有显著差异，且父母最高学历越高，学生解决问题能力的总分越高。多重比较的结果显示：在解决问题能力上，父母最高学历为大专或本科的学生与父母最高学历为研究生及以上的学生差异不显著，其他两两差异均显著（表 2 – 14 和表 2 – 15）。

表 2 – 14　不同父母最高学历的学生解决问题能力得分分布

	人　数	均　值	标准差	标准误	95% 置信区间		最小值	最大值
					下限	上限		
初中及以下	482	3.1868	0.48442	0.02206	3.1434	3.2301	1.91	4.68
高中（或中专、中师、中技）	600	3.2866	0.49506	0.02021	3.2469	3.3263	1.68	4.91
大专或本科	520	3.4955	0.48309	0.02118	3.4539	3.5372	2.41	4.91
研究生及以上	87	3.5338	0.58750	0.06299	3.4086	3.6590	1.45	4.82
合计	1689	3.3352	0.51016	0.01241	3.3108	3.3595	1.45	4.91

表 2 – 15　不同父母最高学历的学生解决问题能力的差异分析

	平方和	自由度	均方和	F 值	显著性
组间	28.835	3	9.612	39.455	0.000
组内	410.485	1685	0.244	—	—
合计	439.319	1688	—	—	—

3. 城市学生和农村学生在解决问题能力上有显著差异，城市学生得分显著高于农村学生

结果表明，城市学生和农村学生在解决问题能力上有显著差异，城市学生得分显著高于农村学生（表 2 – 16 和表 2 – 17）。

表 2 – 16　城乡学生解决问题能力得分分布

	人　数	均　值	标准差	标准误	95% 置信区间		最小值	最大值
					下限	上限		
城市	815	3.3911	0.52624	0.01843	3.3549	3.4273	1.45	4.91
农村	892	3.2835	0.49210	0.01648	3.2512	3.3158	1.95	4.91
合计	1707	3.3349	0.51137	0.01238	3.3106	3.3591	1.45	4.91

表2-17　解决问题能力城乡差异分析

	平方和	自由度	均方和	F 值	显著性
组间	4.931	1	4.931	19.056	0.000
组内	441.188	1705	0.259	—	—
合计	446.119	1706	—	—	—

4. 家庭经济状况与学生解决问题能力呈显著的正相关，说明家庭经济状况越好，学生解决问题能力越高

结果表明，家庭经济状况与解决问题能力呈显著的正相关，但相关程度不高。这说明家庭经济状况越好，学生解决问题能力越高（表2-18）。

表2-18　解决问题能力与家庭经济状况的相关性

		家庭经济状况	解决问题能力
家庭经济状况	皮尔逊相关系数	1	0.164**
	显著性	—	0.000
	人数	1738	1708

注：** 表示在0.01水平上显著。

5. 家庭是否重视对学生实践能力的培养与学生解决问题的能力显著相关，家庭很重视实践能力培养的学生得分显著高于家庭不重视的学生

学生调查问卷第三部分调查题第24题的题目为"你觉得你的家庭重视对你实践能力的培养吗"，选项分别为"很重视"和"不重视"，调研结果如表2-19和表2-20所示。

结果表明，家庭是否重视对学生实践能力的培养与学生解决问题的能力显著相关，家庭很重视实践能力培养的学生在该维度上的得分显著高于家庭不重视的学生。

表 2-19 家庭重视与不重视实践能力培养的学生解决问题能力得分分布

	人 数	均 值	标准差	标准误	95% 置信区间		最小值	最大值
					下限	上限		
很重视	1200	3.4134	0.50640	0.01462	3.3848	3.4421	1.68	4.91
不重视	286	3.1210	0.50439	0.02983	3.0623	3.1797	1.45	4.82
合计	1486	3.3572	0.51882	0.01346	3.3308	3.3836	1.45	4.91

表 2-20 家庭重视与不重视实践能力培养的学生解决问题能力的差异分析

	平方和	自由度	均方和	F 值	显著性
组间	19.755	1	19.755	77.153	0.000
组内	379.974	1484	0.256	—	—
合计	399.729	1485	—	—	—

五、提升学生解决问题能力的对策与建议

结合对问卷调查数据进行的差异分析、相关分析以及访谈和座谈所获得的信息，可以认为，造成学生解决问题能力低下的主要原因有以下几个方面。（1）课业负担过重使学生的课余生活被动、单调，缺少独立、主动面对问题的机会，从而造成了意识和能力上的欠缺。（2）课程结构不合理，实践类、综合类、生活类课程较少，在一些课程中，如理、化、生等，需要学生动手的环节也常常没有时间和机会，学生习惯于被动接受知识，主动思考、探究的意识和能力未被唤醒。（3）独生子女问题，因为都是独生子女，家长保护过多，包办代替过多，客观上剥夺了学生自主解决问题的机会。（4）社会大环境存在的安全问题造成了学校的种种不得已，不得不放弃很多动手操作和开放式活动，如生物课不允许带学生出去考察，不允许做解剖，春游秋游等活动因为担心安全问题也难以开展，这势必影响到学生解决问题能力的发展。（5）家长的素质和对孩子教育的重视

程度与学生解决问题能力的培养关联极大。在访谈中我们常听到这样的情况，有老师让学生给家长写信，学生都写得很认真，但家长的反馈情况极差，几乎无反馈，对孩子写的信也随意丢弃。家长对于老师布置的实践活动方面的事情不配合，认为老师多事。数据分析中关于父母最高学历、家庭经济状况等的相关分析也佐证了这一点。（6）城市和农村的学生在解决问题的能力上有显著差异，城市学生明显强于农村学生，这从一个侧面体现了教育质量的差异，这种差异与城乡之间存在的师资条件、教育理念和生活环境方面的差异不无关系。

综上所述，我们提出如下对策建议。

（一）调整课程结构和门类，改善学生的知识结构

继续推进课程改革，努力调整课程结构和门类，高度重视生活类、实践类、综合类课程的建设，改善学生的知识结构。有什么样的课程结构，学生就会有什么样的知识和能力结构，要提高学生解决问题的能力，课程设置至关重要，必须加大研究和改革的力度。访谈中有老师反映：一方面，综合的、实践的、生活的课程课时很少，且不能得到保证；另一方面，在一些课程中需要学生动手的环节常常没有时间和机会。这些都是客观存在的现实问题，必须从课程设置这一源头上来解决。目前，这些类型的课程大多由地方和学校负责，国家只提出课时要求。我们认为，一方面要增加这类课程的课时，另一方面要采取有效措施监管到位，使之落到实处。

（二）倡导探究教学、问题解决教学，理论联系实际

进一步加大课堂教学改革力度，切实转变学生学习方式，大力倡导探究教学、问题解决教学，理论联系实际。经历什么样的教学过程，学生面对问题就会出现什么样的状态，习惯于灌输式、注入式教学的学生，是不可能具备主动提出问题、解决问题、评价与反思能力的，身处题海战术、死记硬背之中的学生，是不可能具备调控解决问题过程、灵活运用方法和策略的能力的。因此，必须大力倡导探究教学。在一些科目中，特别是理、化、生等学科中，应充分体现问题解决的思想，让学生充分经历发现

和提出问题、解决问题、评价反思的过程。在设计问题时，也应尽可能联系实际，注重问题情境的真实性、丰富性、可探究性。

（三）大力改革考试评价制度，确立学校教育和家庭教育的正确导向

大力改革考试评价制度，确立学校教育和家庭教育的正确导向，使教育真正着眼于学生的终身发展。应试教育在现实中的客观存在是不可否认的，不仅一些行政领导、学校、家长把应试作为教育工作的核心内容，甚至连学生都形成了"应试第一"的思想，在一些课堂上，老师安排了一些拓展内容，学生竟会提出质疑，认为这些内容与考试无关，认为老师在浪费时间。这些现象的存在令人扼腕。有些学校比较重视学生解决问题能力的培养，效果就非常明显，有些地区把对学生解决问题能力的考查作为一项重要指标，于是学校就重视，并对学生进行了专门训练，也取得了不错的效果。可见，改革考试评价制度，增加学生解决问题能力在评价中的比重，是非常有效的手段。就解决问题而言，应探索通过专门的小课题、长作业进行培养，这既是一个解决问题的教学过程，又可以运用过程性评价来引导教育教学的转型。

（四）推动教育均衡发展，努力缩小城乡教育差距

调查数据表明，农村学生与城市学生在解决问题方面存在较大差距，要解决这个问题，缩小城乡差距，推进教育均衡发展是当务之急。应加大对农村教育事业发展的人力、物力、财力上的投入，改善办学条件，加强师资队伍建设，使农村学生享受与城市学生同等质量的教育。

（五）加强舆论引导，提供政策支持，鼓励引导全社会关心青少年成长

主流媒体应加强新课程、新理念的宣传，推动课程改革不断深化。教育改革绝不是教育部门内部的事情，必须得到全社会的广泛理解和接受，要让"能力为重"的观念深入人心。要从政策层面鼓励、引导社会力量参与教育事业，让各类有条件的企事业单位乐于并有义务为学生提供实践场所和机会，为学生解决问题能力的提高创造条件。

[第三章]

自我管理能力

一、自我管理能力的理论研究

（一）自我管理能力研究概述

我们在对已有文献进行检索的基础上进一步做归纳分析，发现已有的自我管理能力研究就研究对象而言主要涉及大学生群体与职场成人，而聚焦于中小学生的少之又少；研究领域主要分布在心理学界、管理界，而来自教育界的研究较少；研究方式上，理论探讨或经验总结多，采取调查、实验等实证研究方式的少；研究着力点集中在如何提高大学生、成人、中小学生、幼儿等群体的自我管理能力的策略或办法上，而针对各个群体尤其是中小学生群体的自我管理能力发展状况的研究却是空白的；研究侧重点在于自我管理能力的某一个方面，如时间管理、情绪管理，研究的全面性、整体性不够。具体来讲，这些研究大致可划分为以下几个方面。

1. 经典理论研究

自我管理能力是众多学术领域和实践领域关注和研究的对象。

首先，在心理学领域，自我管理能力是学生的元认知能力之一。美国心理学家弗拉维尔提出的元认知是指个人在对自身认知过程意识的基础上，对其认知过程进行自我反省、自我觉察、自我控制与自我调节。元认知理论认为人是积极主动的，能够计划未来，自觉监视和控制现在。因此，提高学生的自我管理能力不仅能调动学生的主动性、自觉性、自主性，充分发挥主体作用，而且也是培养学生的自主精神、责任感的重要途径。

其次，在管理学领域，现代管理学认为，管理能力作为个体人的一种实力或本领，是现代社会中个体人应具备的基本能力之一。个体人的管理能力有自我管理能力和管理他人能力两种。自我管理能力是个体人的管理能力的核心和基础，管理他人的能力是个体人的管理能力的主要表现和复杂化。二者相互促进，对作为一个整体的个体人而言，自我管理的能力是主体内隐的管理能力，管理他人的能力是主体外显。

再次，从社会学研究看，社会认知理论是个体自我管理研究的最重要的理论基石。社会认知理论不仅指出个体具有自理性，能够主动地产生有目的的行为以实现既定目标，而且将人的行为放在由个体、行为和环境三者构成的动态交互作用的系统中进行考察。个体行为既不是环境刺激下的被动反应，也不是反馈环路上机械化的判断和循环，而是以个体的认知能力为核心的，环境、认知和行为之间相互作用的结果。认知的介入使得个体对行为的认识既区别于动物也区别于机器，个体表现为一个具有自我管理能力，处于实时动态变化、主动调节系统中的有机体。

另外，弗洛伊德的自我发展理论、荣格的集体无意识理论、阿德勒的个体心理学理论、埃里克森的自我心理学理论、班杜拉的自我调整理论、人本主义的自我实现理论等心理学理论流派，分别以自我为核心，提出了许多人格理论。

以上这些研究领域所产生的经典理论，对后继者理解和评价自我管理能力有着极其重要的指导意义。

2. 对自我（自主）管理能力概念的研究

研究中，自主管理的概念使用得较多，有研究者认为：自主管理是指学生自觉、主动、积极地开发自己的潜能，规范自己的言行，调控与完善自己心理活动的过程。相比自我管理，有研究者认为，自主管理范围更广，是一个既包括个体也包括群体的概念范畴。自主管理是指处在一定社会群体中的人，为实现个人目标和群体目标，积极地调动主观能动性，规划和控制自己的活动，训练和发展自己的思维，完善和调解自己的心理的自我认识、自我评价、自我控制、自我教育、自我激励和自我开发，从而实现行为效益的最大化以达成目标的活动过程。也有研究者认为自我管理包含自主管理的意思，也可以说自主管理是自我管理的一部分，所谓自我管理就是在责任心的驱使下，发挥个体或群体的主观能动性，对自身的行为进行自我调控、自我激励，从而实现行为效益的最大化以达成目标的活动过程。自我管理有个体取向和群体组织取向两种。个体取向的自我管理是指作为个体的人对自己进行管理；群体组织取向的自我管理是指群体组织对自身进行管理。众多研究者认为，自我管理能力是学生为了实现自己的成长目标，充分调动自身的主观能动性并卓有成效地整合利用自己的成长资源，而进行的一系列自我认识、自我规划、自我调控的自我完善活动。

3. 对自我管理能力内在结构的研究

从林林总总的研究来看，自我管理能力在内容结构上包含很多亚层次的能力，这些能力在个体的不同发展时期有不同的表现和要求，根据研究者各自的研究需要和旨趣可以进行多种多样的划分和取舍。

现代管理学之父彼得·德鲁克在其《21世纪的管理挑战》一书中提出了自我管理的"七大内容"，也称作"七大法则"，即了解自己的长处，懂得自己该如何表现，了解自己的价值观念，了解自己的归属，了解自己应该贡献什么，对自己负责，管理自己的一生。

另有研究者认为自我管理能力应包括12项能力：自我心态管理、自我心智管理、自我形象管理、自我激励管理、自我角色认知管理、自我时间管理、自我人际管理、自我目标管理、自我情绪管理、自我行为管理、自我学习管理、自我反省习惯管理。

在以上研究的基础上，教育领域的研究者根据学校教育要求和学生对象特点，也纷纷提出了自己的见解。有的研究者认为应培养学生9种自我管理能力：目标管理能力、时间管理能力、心态管理能力、情绪管理能力、自主学习管理能力、行为管理能力、自我激励能力、自我反思能力和人际管理能力。另有研究认为学生自我管理能力的组成至少应包括五部分内容：自我控制能力、自我计划能力、自我调节能力、自我选择能力和自我服务能力。

这些能力维度的提出都各有其分类标准，具有一定的合理性，给后来者提供了借鉴。

4. 对学生自我管理能力培养的研究

相对而言，有关学生自我管理能力培养的文章较普遍，主要着眼于探讨影响学生自我管理能力的各种因素，并从这些因素出发研究如何培养学生自我管理能力。如有人提出，培养自我管理能力首先要处理好三个关系：一要正确处理好以人为本与能力为重的关系；二要正确处理好学生主体与教师主导的关系；三要正确处理好外在他律与内化自律的关系。[①] 有人从学校教育角度分析认为，重视学生个体自我管理能力的培养应启发学生自省、促进学生自知、辅助学生自导和监督学生自控。[②]

总体来说，研究者对学生自我能力发展有一定的关注，但目前的研究文献远未达到丰富的程度，且富有成效和创新性的研究很少。理论界更多地关注了自我教育的探讨，而很少关注自我管理能力的培养，理论探讨有待深入；而一线实践者由于缺乏足够的理论支撑，对于学生自我管理能力的培养有失偏颇，更多地关注了自己已经理解的内容、自己能操作的内容。相关研究方法单一，实证研究样本较少、规模较小，有些仅仅只是个案，代表性不够。这一切更加说明对学生自我管理能力的研究存在必要性。

（二）自我管理能力概念界定

1. 自我管理

基于以上已有的理论成果分析，我们看到无论是心理学还是管理学对于自我管理的理解都较为一致，认为所谓自我管理，是指个体以自己为管理对象，对自己的思想、心理和行为进行调节、控制与约束，自我评估，

---

① 黄正平. 培养自我管理能力处理好三个关系 [J]. 班主任，2011（9）.
② 张满林. 初中学生自我管理能力的培养 [J]. 学苑教育，2011（14）.

自我激励，自我完善，从而实现自我奋斗目标的过程。

自我管理首先是一种自我了解、自我认识，但这种对自我的了解和认识又不能脱离实际环境、脱离他人独立存在，因为管理自己的目的就是使自身更好地适应外界，更好地达成人生目标。可以说，自我管理实际上是通过对自己与外界的了解、认识，通过自身与外界的持续互动，从而使自身与外界（环境、他人）更好地协调配合的过程。因此，自我管理既是向内的——对自己，同时也是向外的——对外界情境。换句话说，自我管理是在自身与外界的交互作用中实现的。

2. 自我管理能力

依据上述分析，我们认为，所谓自我管理能力，是指在对客观环境的实践活动过程中，个体把自己作为管理对象，按照社会规范和自身发展要求，自觉地对自己的思想、心理和行为进行规划、调控、约束和修正的能力。处于不同环境、不同阶段的个体，由于其自身角色、发展状况和目标诉求差异甚大，其自我管理能力的表现内容与形式也是不尽相同的。如中学生自我管理能力的要求和培养就与大学生、企业员工相差甚远。

3. 自我管理和自主管理

在以往研究和实际应用中，自我管理和自主管理经常混用，但我们认为二者还是有区别的，各有其适用范围。自我管理更强调管理的对象性——自己，突出的是一种能力；而自主管理更强调管理的主体性——"自主"而非"他主"，突出的是一种权利，一种主体属性。前者多用于自己对自己的管理，后者多用于个体对集体社会行为的管理，以及集体作用于个体的交互式管理，如班级管理等。

二、自我管理能力框架设计

（一）自我管理能力的内容结构

我们认为，自我管理能力是人的一种包含了很多亚层次能力的特殊能力，在人的不同发展时期有不同的体现，可以根据研究的目的和需要进行多种内容结构的划分。就本课题研究而言，研究目的不单纯是对自我管理能力做学理上的分类，更重要的是对其表现和状况进行考查和测评，既要突出能力的实践性特征，又要考虑到能力测评的简约化、可操作性。为此，就中学生这个群体所处的受教育环境、生理、心理发展特点和成长需求来进行分析，本课题研究中的自我管理能力应更多地凸显其实践性特质，更多地反映学生在其现实生活情境中的行为状况。因此，我们认为，学生自我管理的内容主要体现在学习、生活和情绪三个方面，如果一个学生能在学习上自觉自律、在生活上自理自立、在情绪上自省自控，那么就可以说他（她）具有了较强的自我管理能力，能够在应对求学、就职、生活和社会的各种挑战中实现自己的目标追求，成就自己的人生。在这个意义上，管理学习的能力、管理生活的能力和管理情绪的能力这三大能力应该是初中阶段学生最需要具备的、最为关键的自我管理能力，它们构成了自我管理能力的核心内容。

（二）三种能力具体观测点的确定

依据上述对自我管理能力的亚能力的内容分解，可以从行为表现入手，进一步确定和选取管理学习的能力、管理生活的能力和管理情绪的能力三种亚能力的具体行为观测点，进而生成问卷试题编制的指标体系。

1. 管理学习的能力

学习是学生的天职，学会学习的能力也是未来社会的基本能力，能否管理好学习是善于学习、提高学习效率的前提。

观测点：学习自觉性、学习方法与策略、学习自控。

2. 管理生活的能力

学生掌握一些基本生活技能，就可以以恰当的行为方式，从容应对日常生活中的各种困难和挑战，促进自身的健康成长，增强社会适应能力。

观测点：生活自理、独立性、健康生活方式、自救自护。

3. 管理情绪的能力

认识和管理自己的情绪不但对与别人建立人际关系有帮助，而且可以促进个体的身心健康。良好的情绪调控可以增强个体的社会适应能力。

观测点：认识自身的情绪、情绪控制、情绪调节等。

（三）能力测评指标体系

结合以上的研究，初步确定自我管理能力的三个维度（一级指标）：管理学习的能力、管理生活的能力和管理情绪的能力。每个维度（一级指标）又分为三个观测点（二级指标）。其中，管理学习的能力包括学习自觉、学习策略和学习自控三个方面；管理生活的能力包括独立生活、健康生活、安全生活三个方面；管理情绪的能力包括情绪体验、情绪控制和情绪调节三个方面。在以上自我管理能力结构框架基础上，最终形成了包括3个一级指标和9个二级指标在内的自我管理能力调查问卷指标体系（表3-1）。

表 3-1　自我管理能力框架

维　度	一级指标（核心能力）	二级指标（具体表现）
自我管理能力	管理学习的能力	• 学习自觉 • 学习策略 • 学习自控
	管理生活的能力	• 独立生活 • 健康生活 • 安全生活
	管理情绪的能力	• 情绪体验 • 情绪控制 • 情绪调节

三、测试工具的设计与说明

自我管理能力的问卷设计基于全面了解和把握一般状况的考虑，问题覆盖面比较宽泛，总体上围绕自我管理能力表现的三个方面来设计问题，即学习管理、生活管理和情绪管理，同时兼顾了有关影响因素（问卷试题参见附录）。

（一）测试工具编制依据

1. 基于实践特质的自我管理能力

自我管理能力的测评可以有多个角度，在本研究中，基于实践性或者说在实践层面所体现出来的自我管理能力应该具有何种特质？怎样测评才是科学合理的？我们认为，"基于实践性"的自我管理能力与一般意义上（心理学或管理学）的自我管理能力相比，更加强调行为表现、操作等外显性能力，是通过考查个体"能做什么"、"会做什么"等行为举止或行为倾向来加以评判的，是通过自我管理行为的高低强弱而彰显出来的。这是试题编制的出发点。

2. 以相关课标作为内容依据

本课题研究基于指标体系，参考、借鉴以往相关研究成果的合理部分，以教育部颁布的《中小学心理健康教育指导纲要》、《综合实践活动指导纲要》和《初中思想品德课程标准》为内容依据，结合当今初中生的生活实际状况和时代发展要求来确定一、二级测评指标。

（二）测试工具设计原则

问卷在相关文献查阅、理论研究和访谈基础上产生，之后又经过反复讨论、修改，对每个题目的准确性进行了评议。在编制问卷时我们遵从了原创性、适切性的原则。所谓原创性，是指这些题目都是研究者自己总结提炼和挖掘的；所谓适切性，是指这些题目要符合学生实际状况，语言表达上要便于学生理解。

四、研究结果与讨论

（一）自我管理能力的总体状况

学生自我管理能力水平中等略偏强，与实践能力总体水平基本相当（表3-2）。

表 3 - 2　学生自我管理能力的总体状况

	人　数	最小值	最大值	均　值	标准差
自我管理能力	1717	1.59	5.00	3.4035	0.51754

在实践能力所包含的四个维度能力中，自我管理能力的得分居于中等水平，其中最低分为 1.59 分，最高分为 5.00 分，平均得分为 3.40 分，属于中等略偏强水平，能力状况不容乐观。

结合表 3 - 3 自我管理能力得分在各个分数区间的分布情况，分析可知，学生能力分布基本呈正态分布（图 3 - 1）。其中得分在 4.00 分以上的学生有 229 人，占测试学生总体的 13.3%；得分在 3.00—3.99 分的学生有 1119 人，人数最多，占测试学生总体的 65.2%；得分在 2.00—2.99 分的学生有 364 人，占测试学生总体的 21.2%；得分在 1.00—1.99 分的学生有 5 人，占测试学生总体的 0.3%。

表 3 - 3　自我管理能力得分分布

	得分区间	人　数	百分比	有效百分比	累积百分比
有效	1.00—1.99	5	0.3	0.3	0.3
	2.00—2.99	364	20.9	21.2	21.5
	3.00—3.99	1119	64.2	65.2	86.7
	4.00—5.00	229	13.1	13.3	100.0
	合计	1717	98.6	100.0	—
缺失	系统缺失	25	1.4	—	—
合计		1742	100.0	—	—

（人）

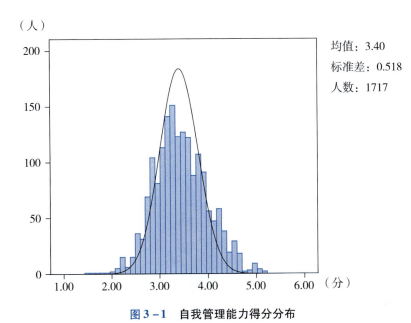

均值：3.40
标准差：0.518
人数：1717

图3-1　自我管理能力得分分布

如果进一步进行归并可以发现，自我管理能力表现尚可的学生占测试学生总体的近八成（78.5%，得分在3.00分以上），能力表现较弱的学生占比为2成左右（21.2%，得分在3.00分以下）。也就是说，近八成的学生具有基本的管理自己的学习、生活及情绪的能力，还有约两成的学生自我管理能力欠佳，尚有一定的差距，总体上表现为学习上欠缺计划性、规划性、自觉性，生活中依赖性强，缺乏独立生活能力，自理能力较弱，以及不能对自己的情绪进行有效的监控与调节。

（二）自我管理能力各维度的状况

学生自我管理能力在三个维度上的表现并不均衡，其中，学生管理生活的能力最强，而管理学习的能力和管理情绪的能力则表现相当，相对较弱。

表3-4和图3-2显示，在自我管理能力的三项亚能力中，学生管理生活的能力表现最为突出，平均得分达3.75分，而管理学习的能力平均得分为3.30分，管理情绪的能力平均得分为3.20分。

表 3-4 自我管理能力各维度得分

	人　数	最小值	最大值	均　值	标准差
管理学习的能力	1712	1.00	5.00	3.3013	0.70208
管理生活的能力	1713	1.25	5.00	3.7513	0.62953
管理情绪的能力	1717	1.22	5.00	3.2096	0.61494

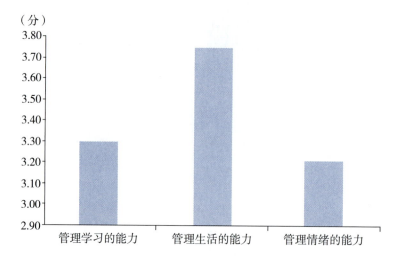

图 3-2 自我管理能力各维度得分

1. 管理学习的能力整体较低，能力强弱分化较明显，学习策略较为积极有效，但学习自控能力不尽如人意

对于学生来讲，是否具备良好的管理自己学习的能力是影响学习成绩的关键，管理学习的能力是自我管理能力的重要体现。我们主要通过学生在学习的自觉性、自控性和学习策略三个方面的能力表现来了解初中学生对于学习的自我管理能力。图 3-3 显示，学生管理学习的能力呈现出较明显的正态分布，离散程度较大，中等能力水平的人数较少，能力强和能力弱的人数较多，两极分化较明显。

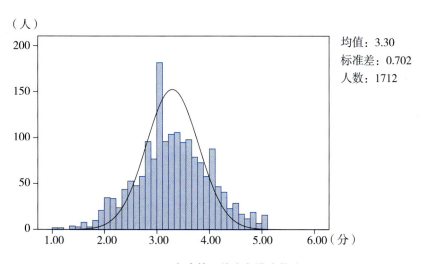

（人）

均值：3.30
标准差：0.702
人数：1712

图 3 – 3 自我管理能力各维度得分

从表 3 – 5 中可以进一步看到学生管理学习的能力的具体表现。

表 3 – 5 管理学习能力的题目与回答情况

	题 目	平均得分	肯定回答（％）	一般回答（％）	否定回答（％）
学习自觉	1. 上新课前，我会提前预习将要学习的内容。	3.00	28.9	39.9	31.2
	5. 新学期开始，我通常会给自己制订学习计划。	3.18	38.8	31.9	39.5
	8. 如果老师不催，就不急于做作业。	2.08	13.0	17.4	69.6
学习自控	19. 不管作业是否做完，只要有同学朋友来找，就会先跟他（她）玩。	2.35	17.2	22.2	60.5
	24. 即使是在非常吵闹的场合，我也能集中注意力看书、学习。	2.88	30.5	29.8	39.6
	25. 本想做作业，却常常被其他事情吸引而浪费了很长时间。	3.08	38.7	28.1	33.2
	36. 如果做作业时遇到困难，我就不想做了。	2.62	23.7	27.0	49.3

续表

	题　目	平均得分	肯定回答（%）	一般回答（%）	否定回答（%）
学习策略	15. 我不知道怎样学才能学得好。	2.84	28.5	29.6	41.9
	29. 我注意学习别人好的学习方法和经验。	3.40	47.1	33.1	19.8
	35. 当发现自己学习不够专心时，我会想办法来改变。	3.52	53.5	29.6	16.9

在学习自觉性方面，表现最好的是做作业的自觉性，有近七成的学生明确表示会自觉主动地去完成教师布置的作业，视完成作业为自己的分内之事。近七成的学生能够在课前预习将要学习的新内容，但其中能够经常主动预习的学生仅有三成左右。多数学生有制订学习计划的习惯，但能主动给自己制订学习计划的约只占四成，表明学生在学习上仍具有较大的被动性和依赖性，尚需培养和加强良好学习习惯和自主学习能力。

在对学习的自我监控能力上，学生的表现不太如人意。学习自控能力实际上考查的是学生意志力的强弱和坚持性。学生调查问卷中第二部分（程度题部分）的第19题、第24题和第25题设置了不同的情境，结果反映出学生因不同干扰源而表现出不同的学习自控能力。在干扰源是同学朋友时，虽有17%的学生不能坚持学习，但仍有近六成的学生明确意识到完成作业和学习是首要任务；在干扰源为外界物质环境如噪声时，有四成的学生明确表示不能够坚持看书学习，有三成的学生能够不受影响继续坚持看书学习，另有三成的学生可能会视情况而定，如所看书的吸引程度、干扰的强度、当时的自我状态等；在干扰源为感兴趣的其他事情时，1/3的学生表示不会受影响，近四成的学生会被干扰而怠慢学习。进一步探求学生在面对网络游戏等干扰源时的表现［图3－4，学生调查问卷中第三部分（调查题部分）第20题第（3）小题］，发现明确表示会习惯性地受到影响的学生约占两成（选择"总是"和"经常是"的学生），"有时"受影响的学生约占三成，"偶尔"和"从来没有"受影响的学生合计占一半以上。

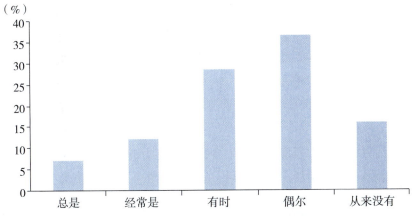

图 3－4　因玩网络游戏或浏览无关网页而耽误了学习

　　在遭遇学习困难时，近一半的学生面对困难表现出意志力和坚持性，近 1/4 的学生表现出对学习的畏惧与退缩，另有 1/4 的学生可能会视学习困难情况而定，如寻求他人帮助、困难的程度、是否是自己感兴趣的问题等。

　　在学习方法和策略方面，学生的表现较好。一半左右（如加上中间选项"寻求帮助"则占比将达到八成）的学生在学习中善于学习别人有益的方法和经验，会采用有效策略来有意识地调整自己的学习状态。进一步探查学生的学习策略和方法（图 3－5），发现对于学习上的困难，77% 的学生会选择

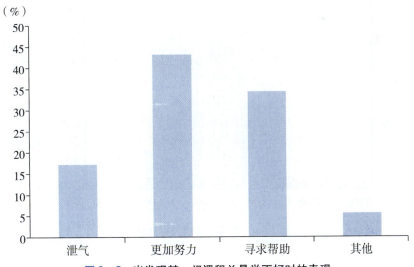

图 3－5　当发现某一门课程总是学不好时的表现

"更加努力"或"寻求帮助"等积极的学习策略来改变不利处境。四成学生对于"如何学习才能学得更好"的问题表现得较为自信，但尚有近三成的学生表现出对学习的无助感和无奈感，另有三成的学生对某些学科或在某些时候也有这种无力感。

2. 超过七成的学生具有较强的生活自理能力、保健能力和安全自护能力

生活方面的能力表现也是学生自我管理能力的重要体现，我们主要从学生是否具有独立生活、健康生活、安全生活的一些基本能力上进行考查（表3-6）。

图3-6显示，学生管理生活能力的得分略呈负偏态分布，高分人数较多，低分人数略少，整体能力水平较高，在管理学习、管理生活和管理情绪这三个自我管理的能力维度上，此项能力得分最高，平均得分为3.75分，表明学生在生活管理上能力表现较优异。

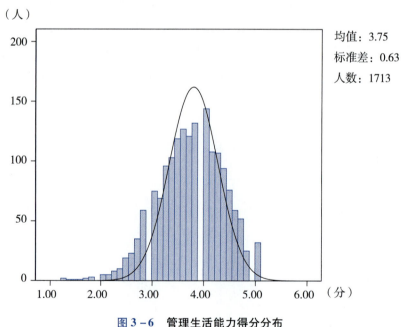

图 3-6　管理生活能力得分分布

从表 3 - 6 中可以进一步看到学生管理生活能力的具体表现。

表 3 - 6　管理生活能力的题目与回答情况

	题　目	平均得分	肯定回答(%)	一般回答(%)	否定回答(%)
独立生活	39. 上学需要带的一些东西如练习本、水杯等，一般都是由父母帮我收拾好。	1.57	6.9	7.5	75.7
	43. 我能做简单的饭菜。	3.92	68.3	16.4	15.3
	46. 我穿的袜子总是我自己洗。	3.58	54.9	21.1	24.0
	50. 家人说我做事总爱丢三落四。	3.08	40.0	24.2	35.7
健康生活	57. 假如感冒发烧，我通常知道该吃些什么药。	3.85	65.5	19.1	15.4
	60. 假期在家，我会经常进行体育运动，锻炼身体。	3.27	42.0	29.3	28.8
	64. 渴了的话，我宁愿喝饮料也不喝水。	2.09	12.9	19.6	67.5
安全生活	68. 当在室外遇到雷雨闪电时，我知道如何避险。	4.12	75.4	17.4	7.1

在独立生活方面，75.7% 的学生表示一般由自己收拾上学所需的东西，近七成学生表示自己能做简单的饭菜，比例都较高，表现出较强的自理能力和习惯。在做家务的频数问题上，75% 的学生表示自己"经常"或"有时"洗袜子，约八成的学生表示"经常"或"有时"帮助父母做家务，比例较高（图 3 - 7）。约四成的学生做事爱"丢三落四"，约 1/4 的学生"有时"也是如此，这反映出初中学生在生活中依赖性强、责任意识缺乏、独立性尚不够的特点。

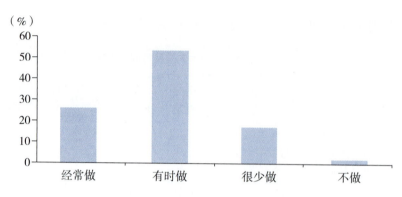

图 3 - 7　平常在家主动帮助父母做家务的情况

在健康生活方面，近七成学生明确表示知道感冒发烧应吃什么药、喝水较喝饮料对于身体的好处，反映出他们具有一定的医疗、营养保健常识。但在身体锻炼与合理运动的问题上，只有四成学生在假期中也坚持"经常"锻炼，约三成的学生"有时"锻炼，尚有三成学生尚没有形成锻炼的意识与习惯。

在户外遭遇雷雨闪电时，75%的学生明确表示知道如何避险，具有一定的安全自护能力。

以上学生的回答显示出他们普遍认为自己具有较强的生活管理能力，这与老师、家长的现实感知似乎大相径庭。在对全国多地老师和家长的采访中，无论是老师还是家长都普遍表示学生（孩子）的独立生活能力不容乐观。一是缘于独生子女的家庭结构，家长不愿孩子吃苦受累；二是家长过于看重学习成绩，怕劳动、做事浪费学习时间，耽误孩子学习，大小事务均由家长包办代替；三是学校出于安全考虑和学习压力，较少组织锻炼学生各种实践能力的活动。学校和家长的种种顾虑和作为，无形中剥夺了学生实践的机会，压抑了其能力的提高，导致了学生生活管理能力上的"无能"或"低能"，生活态度上的怕苦怕累。

3. 管理情绪的能力整体偏低，能力差异较大，尽管超六成的学生掌握了一些基本的情绪调节策略，但仍有一半的学生感觉学习压力大，情绪自控能力不强

情绪管理更多地体现在个体情绪状态的稳定性和对挫折的耐受性上。

是否能对不良、消极情绪进行积极调控是学生情绪能力的一个重要指标。

图 3-8 显示，学生在情绪管理能力上的得分属于正态分布，离散程度较大，分布较广，平均得分为 3.21 分，整体来讲能力偏低。

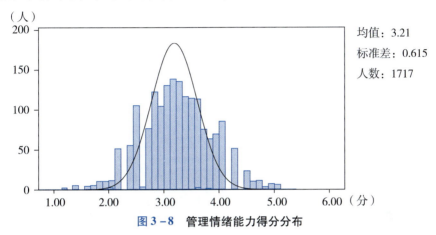

均值：3.21
标准差：0.615
人数：1717

图 3-8　管理情绪能力得分分布

从表 3-7 中可以进一步看到学生管理情绪的能力的具体体现。

表 3-7　管理情绪能力的题目与回答情况

	题　目	平均得分	肯定回答(%)	一般回答(%)	否定回答(%)
情绪体验	75. 每当做不出题时，总会感觉自己很笨。	2.91	33.7	26.6	39.6
	79. 我经常感到学习压力很大。	3.52	50.7	29.4	19.8
	82. 一听说要考试，我就会感觉很紧张。	3.11	37.4	31.7	31.0
情绪控制	84. 我经常忍不住向父母发脾气，即使知道那样做是不对的。	2.96	35.7	26.6	37.6
	88. 在朋友眼中，我不是情绪冲动、易发脾气的人。	3.56	54.1	25.6	20.3
	89. 即使心情很不好，我也不会把这种情绪轻易表露出来。	3.51	42.5	26.9	20.6

题　目		平均得分	肯定回答(%)	一般回答(%)	否定回答(%)
情绪调节	94. 我常提醒自己忘记那些不愉快的事情。	3.89	67.6	20.4	12.0
	96. 遇到不开心的事，我总是想着它，不容易解脱出来。	2.77	29.3	26.5	44.2
	100. 朋友有事耽搁，要晚半小时到我家时，我通常会坐立不安。	2.80	31.4	24.5	44.1

　　在情绪体验方面，学生的消极情绪体验较强，存在着不同程度的学习压力体验，一半的学生经常感受到学习压力大，1/3 多的学生经常感觉考试紧张或自己在学习上表现很笨。

　　在情绪的自控能力上，一半的学生表示善于控制自己的情绪，不会向他人轻易表露出不良情绪；被朋友认为遇事不能控制自己、情绪冲动的学生占两成；35% 左右的学生经常向父母发脾气，不能控制自己的情绪。与此同时，更应该看到，约 1/4 的学生表示自己对情绪的控制能力"一般"，说明在遭遇具体情境时，这部分学生是极不稳定的、潜在的、可能的"情绪失控"群体。整体来看，有近一半学生的情绪自控能力不太理想。

　　在情绪调节策略上，约七成学生经常会提醒自己忘记不愉快的事情，但在真正遇到不开心的事或朋友失约等情况下，只有 44% 的人表示能摆脱消极情绪或正确调适自己的不良心情。这说明要真正从心理上摆脱消极情绪的影响，做自己情绪的主人还是很不容易的。

　　通过学生调查问卷中第三部分（调查题部分）第 14 题、第 15 题和第 16 题，我们进一步探求学生在具体情境中的情绪调节策略（图 3-9 至图 3-11），发现在受到老师不公平的对待、有学习压力或朋友因故失约等情况下，很大一部分学生选择的是"向他人倾诉并寻求帮助"，"想老师也有犯错的时候，找合适的时候与他（她）谈谈"，"自我鼓励"，"参加体育运动或玩玩游戏或听听音乐"，以及"找点别的事情做"等各种积极、理性的策略，以消解压力或释放不良情绪。

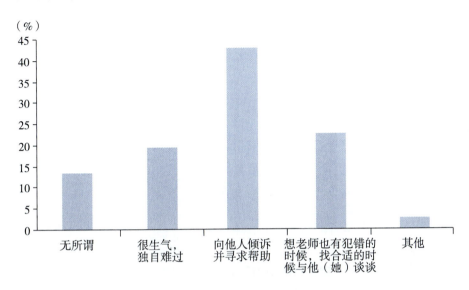

图 3-9 受到老师不公平对待后的处理方式

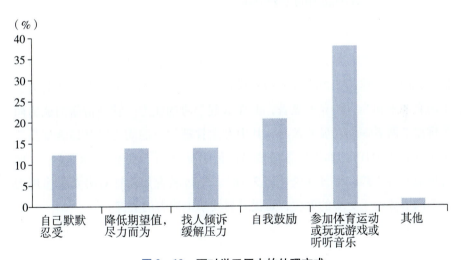

图 3-10 面对学习压力的处理方式

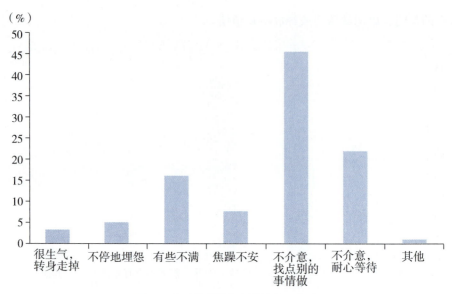

（%）

图3-11 面对朋友失约的处理方式

（三）自我管理能力的差异分析

1. 女生管理学习的能力表现更为出色，男生管理情绪的能力更胜一筹

从学生性别差异分析结果看，男女学生在自我管理总体能力上差异不显著，但在具体的能力维度上却表现各异（图3-12）。在管理生活的能力上两者水平相当，差异不显著，但在管理学习的能力、管理情绪的能力两个维度上两者却存在显著差异，其中女生管理学习的能力极其显著地高于男生（$p < 0.001$），而男生管理情绪的能力显著高于女生（$p < 0.05$），两者可谓各有优势，平分秋色（表3-8）。学校教育如何针对男女学生能力的不同劣势给予更多的关注，是提升男女学生能力的关键。

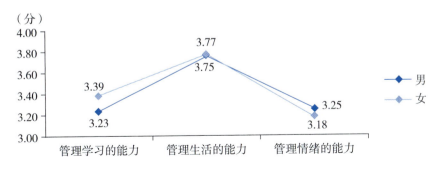

图 3 – 12　自我管理能力的性别差异

表 3 – 8　自我管理能力性别差异分析

		平方和	自由度	均方和	F 值	显著性
管理学习的能力	组间	10.106	1	10.106	20.756	0.000
	组内	779.979	1602	0.487	—	—
	合计	790.085	1603	—	—	—
管理生活的能力	组间	0.121	1	0.121	0.308	0.579
	组内	628.287	1603	0.392	—	—
	合计	628.408	1604	—	—	—
管理情绪的能力	组间	1.919	1	1.919	5.153	0.023
	组内	598.613	1607	0.373	—	—
	合计	600.533	1608	—	—	—

2. 父母最高学历越高，子女所表现出的管理学习和管理情绪的能力越强

数据分析结果表明，不同父母学历的学生在自我管理总体能力上和管理生活的能力上未表现出明显差异，但在管理学习的能力、管理情绪的能力上均存在显著差异（图 3 – 13）。进一步的多重比较结果显示：在管理学习的能力上，父母最高学历为大专或本科的学生与父母最高学历为研究生及以上的学生差异不显著，其他两两差异均显著；在管理情绪的能力上，父母最高学历为高中（或中专、中师、中技）的学生与父母最高学历为初中及以下、大专或本科的学生差异不显著，其他两两差异均显著。整体上呈现出父母学历越高，学生在这两个维度上的得分越高，能力表现越强的趋势（表3-9）。这或许是因为父母自身的受教育水平越高，就越重视子女在学习和心理情绪上的能力培养。但与此同时，他们对子女自我管理能力培养的忽视或轻视也应引起我们足够的关注。

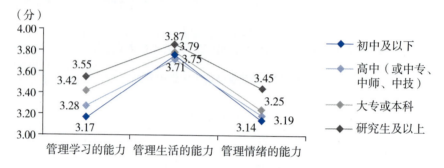

图3-13 不同父母最高学历的学生自我管理能力的差异

表3-9 不同父母最高学历的学生自我管理能力差异分析

		平方和	自由度	均方和	F 值	显著性
管理学习的能力	组间	21.956	3	7.319	15.246	0.000
	组内	809.855	1687	0.480	—	—
	合计	831.812	1690	—	—	—
管理生活的能力	组间	2.622	3	0.874	2.222	0.084
	组内	663.762	1688	0.393	—	—
	合计	666.384	1691	—	—	—
管理情绪的能力	组间	8.242	3	2.747	7.327	0.000
	组内	634.472	1692	0.375	—	—
	合计	642.714	1695	—	—	—

3. 城市学生与农村学生在自我管理能力各维度上的表现均没有呈现出显著差异，实力相当

数据分析结果表明，城市学生与农村学生在自我管理能力三个维度上的表现均没有呈现出显著差异（图3-14和表3-10）。这说明学生自我管理能力的强弱与其所生活的区域大环境可能关系不大，而与自我的特质

（性别、家庭状况如父母学历）关系可能更大一些。

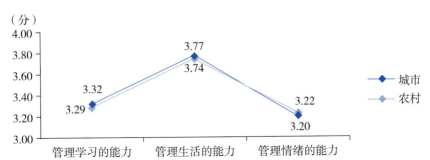

图 3 – 14　自我管理能力的城乡差异

表 3 – 10　自我管理能力城乡差异分析

		平方和	自由度	均方和	F 值	显著性
管理学习的能力	组间	0.393	1	0.393	0.795	0.373
	组内	842.640	1707	0.494	—	—
	合计	843.032	1708	—	—	—
管理生活的能力	组间	0.300	1	0.300	0.760	0.384
	组内	675.194	1708	0.395	—	—
	合计	675.495	1709	—	—	—
管理情绪的能力	组间	0.338	1	0.338	0.895	0.344
	组内	646.050	1712	0.377	—	—
	合计	646.388	1713	—	—	—

4. 住宿学生的自我管理能力普遍低于走读学生

统计结果表明，在参与调查的 1713 名学生中有 72.4% 的学生从未住过校，13.3% 的学生现在住校，5.4% 的学生小学时住校，8.8% 的学生从小学到现在都住校，也就是说约七成学生没有住校经历，约三成学生有住校经历。

通过将是否住校与学生自我管理能力得分做关联分析发现，有不同住校经历的学生自我管理能力总分和各维度得分上均有显著差异，且从未住过校的走读学生自我管理能力总分和各维度得分均最高，从小学到现在都住校的学生自我管理能力总分和各维度得分均最低。唯有在生活管理能力的极少数方面，如"自己洗衣服"和"收拾学习用品"等方面，有过住校经历的学生的能力得分高于从未住过校的走读学生（图3-15）。

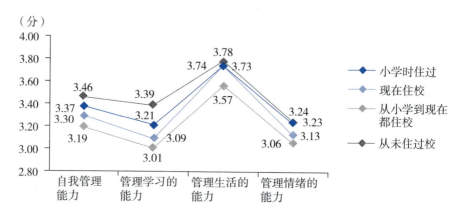

图3-15 不同住宿状况的学生自我管理能力的差异

上述结果表明，是否住校与学生自我管理能力呈显著负相关。这一统计结果虽与我们的常识有些相悖，但是也不难解释和接受，这一方面凸显了家庭教育在学生自我管理能力培养中不可或缺的作用与价值，另一方面也显示出学校教育在学生自我管理能力培养上的整体缺位。

5. 家庭经济状况与学生自我管理能力之间存在低水平的正相关

如表3-11所示，家庭经济状况与三个维度均呈现显著的正相关，但相关程度很低。这说明家庭经济状况越好，学生自我管理能力的各维度得分和总分越高，但二者相关程度不大。

表3-11 自我管理能力与家庭经济状况的相关性

		管理学习的能力	管理生活的能力	管理情绪的能力
家庭经济状况	皮尔逊相关系数	0.122**	0.048*	0.089**
	显著性	0.000	0.049	0.000
	人数	1710	1711	1715

6. 学生学习成绩与其管理学习的能力之间相关程度最大，与其管理生活的能力之间相关程度最小

表 3 - 12 表明，学生在班级中的学习成绩与自我管理能力的三个维度均呈现显著的正相关。其中，学习成绩与管理学习的能力的相关程度最大，与管理生活的能力的相关程度最小。这说明学生在班级中的学习成绩越好，其呈现出的管理学习的能力、管理情绪的能力也相对越高，反之，学生管理学习和情绪的能力越弱，其学习成绩也越差。

表 3 - 12 自我管理能力与学习成绩的相关性

		管理学习的能力	管理生活的能力	管理情绪的能力
在班级中的学习成绩	皮尔逊相关系数	0.428**	0.069**	0.177**
	显著性	0.000	0.004	0.000
	人数	1707	1708	1712

五、提升学生自我管理能力的对策与建议

自我管理能力是现代社会人才素质的重要组成部分。对于人的成长和发展，对整个社会都起着至关重要的作用。就中小学生来讲，学会自我管理、增强自我管理能力是健康成长、迈向社会的第一步。然而，从本次调查情况来看，学生的自我管理能力表现得并不理想，还有不少学生存在着依赖性强、缺乏自我约束和监控、自立自理能力弱等问题，需要引起我们的高度重视，并采取行之有效的对策来改变这种重认知、轻能力，重书本、轻实践的状况。

（一）端正育人观、成才观，以能力培养为重，为学生的终身发展奠基

教育应使每一个学生获得终身发展的能力。而自我管理能力是学生学会生存生活的前提和基础，是实现学生终身发展所需的关键能力之一，也是当今世界上很多发达国家和地区均十分强调和重视的能力。但我国长久

以来的教育较多关注的是学生知识学习、认知能力的培养，而对学生生存发展、自理自立等能力的培养并没有予以足够的重视。从本次调查情况来看，无论是教育管理部门，还是学校教师和学生家长，都没有真正意识到这些能力培养的紧迫性、必要性和重要性，相较于学习成绩和考试分数，学生自我管理能力的培养始终处于被忽视、被轻视、被边缘化的地位，致使学生能力发展受到严重制约，发展状况不甚理想，难以满足其自身生存发展和未来社会竞争的需要。

追根溯源，学生能力的发展状况与我们传统的育人观、成才观不无关系。受应试教育和片面追求升学率的长期影响，一些学校的办学思想、家长的教育观念出现了严重偏差，重智轻德，重知识轻能力，重书本轻实践。为了考出好成绩，进入好学校，赢得"好前程"，无论是学校、教师还是家长，一切唯学习是瞻，以分数论英雄，只关心与考试有关的学习内容和课程，那些与升学考试无关的动手实践活动和课程被认为是在浪费时间；在他们眼中，应试能力是至关重要的，与此无关的自我管理能力的培养是无足轻重、可有可无的。尽管我们始于10年前的新课程改革和《教育规划纲要》中再三提及并强调"能力为先"，但在这种只为升学计的功利心态和利益驱动下，学生能力培养状况似乎并没有得到明显的改观。

因此，要增强学生的自我管理能力，增强其对未来社会的适应性和终身发展能力，首先要求我们的学校、教师和家长转变传统的育人观、成才观和成功观，端正办学思想，让教育回归育人的宗旨，避免急功近利，应着眼学生未来一生的发展。中学阶段学习知识是学生很重要的方面，但这并不等于学生发展的全部；要适应未来社会的需要和挑战，实现学生更好的发展，学校教育和家庭教育应当立足于为学生的终身发展奠基。要创设各种条件与环境，给予学生实践机会，锻炼和增强学生多方面能力，提升他们的综合素养。这不仅包括学会知识和技能，更要学会动手动脑，学会生存生活，学会做人做事，学会管理自己，学会服务他人和社会。培养学生的自我管理能力，其意义不只是让学生掌握一些洗衣做饭等谋生技能，更重要的是这关涉学生是否具有健全人格、幸福人生。自我管理能力培养的过程也是涵养、塑造学生良好品德和健全个性的过程，如有效地学习、独立思考、勤奋刻苦、自信自强、孝顺感恩、自我控制与调适。可见，这样一个过程是决定其终身发展样态以及是否享有幸福人生的关键。反之，轻视这些能力的培养，错过这样一个关键期，则可能导致学生缺乏基本的生存技能，形成不良的人格，如好逸恶劳、贪图享受、怕苦畏难、依赖性强、脆弱、放纵任性、自私自我等。一些不良品质一旦形成就是不可逆的，很难矫正，极有可能伴随个体终生，最终既影响个人的幸福，也难以适应社会的需要。

（二）关注对学生的学习指导，培养学生自我管理学习的能力

"未来的文盲，不再是不识字的人，而是没有学会怎样学习的人。"学会学习是一个人生存和发展的基本要求。只有掌握了正确的学习方法，具备了学习的能力，才能实现终身学习，终生受益。管理学习的能力包括很多方面，最基本的是要有良好的学习习惯、自控性和掌握适合自己的学习方法与策略。反之，缺乏学习管理能力，则表现为：不会科学安排时间，学习计划性不强，学习自觉性较差，需要家长、老师再三督促；做事拖拉，学习效率较低；没有掌握适合自己的学习方法，不会学习，不善思考；等等。本次调查发现，近四成的学生学习没有计划性，近三成的学生不会主动预习，只有1/3的学生能够不受外界影响而坚持学习，尤其需要注意的是，近六成的学生表现出不会学习、不善于学习的困惑感和无助感。

为此，培养学生自我管理学习的能力，学校、家长的着力点应首先放在培养学生良好的学习习惯，确立正确的学习方法上。良好的学习习惯是令一个人终身受益的财富，勤学好问、专心致志、严格执行学习计划、认真思考、劳逸结合等良好的学习习惯，可以让学习更自如、更有效。只有具备了好的学习习惯，才具备了学会学习的前提。要解决学生会学、学好的问题，必须给予学生学习方法与策略的指导，让学生在学习过程中掌握适合自己的学习策略，才能促进学生的学习。学校和教师要通过有目的地开设一些专题讲座，如《了解自己擅长的学习模式》、《学会专心——培养

抗干扰能力》、《自主快速学习法》、《如何有效地记忆》等，使学生从学习的学理上优化自己的学习策略；同时尽可能多地传授给学生各种一般性的和具体的学习策略，并提供多个范例，或是让学习优秀的学生或校友、学长们"现身说法"介绍自己的学习体会，或是教给学生具体的学习方法，如怎样制订学习计划、不同科目的预习方法、积极动脑听课方法和先复习后作业方法等，鼓励学生在学习过程中不断运用、摸索，以找到适合自己的学习策略，提高学习效率。这些对学生有目的、有意识的指导和训练，不但可使学生逐渐学会正确的学习方法，还能培养学生自主学习能力，使其养成良好的学习习惯。

其次，让学生学会反思与监控自己的学习过程。掌握了好的学习方法，会收到事半功倍的效果；但还必须持之以恒，对自己的学习状况进行有效监控，养成好的自主学习习惯，比如：记录自己尚未完成的学习计划，经常反思自己的预习策略或复习策略是否能够坚持执行，是否有效，以及既定的学习目标是否达成等。这是当前学生学习中较易忽视的环节，需要教育者持续跟进、监督，才能最终形成学生管理自己学习的能力。

最后，前述数据分析还表明，男生管理学习的能力极其显著地低于女生，而管理学习的能力与学习成绩之间存在着非常高的相关性。为此，学校教育无论是从增强学生自我管理能力的角度还是从促进学生更有效地学习的角度，都应该特别关注男生管理学习能力的培养与提升，针对男生生理、心理的独特性，采取更有针对性的策略，切实提高其学习能力。

（三）增强学生自我调控能力，培养积极健康的情绪情感

进入初中生活，初中生的学习任务不断加重，由此带来的学习和生活上的压力、人际交往中的困扰也与日俱增。同时，初中生正处于青春期，生理急剧变化，心理情绪波动很大，由此而产生的各种压力、情绪焦虑等问题如果不能得到老师的帮助、家长的理解和自我的控制，便会引发一系列的心理问题，影响初中生的健康成长。本次调查发现，学生普遍有较强的学习压力感、考试紧张感和焦虑感，反映出学生对于挫折的承受能力较低，自我调节情绪的能力不强。这一现象应引起教育工作者的高度

重视。

首先，引导学生正确认识和化解压力。第一，对自己的要求要适当。这就要求每个人对自己有一个比较全面、正确、客观的认识，不要期望过高，也不要求全责备。第二，要正确认识和接纳自我。人们往往容易接受自身满意的方面，而拒绝承认自己的缺点和不足，因而容易因虚荣心太强、对自我过分关注而产生心理负担，导致不能自然充分地表现自我进而滋生了挫折感。第三，要进行积极的自我暗示。通过言语和想象鼓励自己振作精神，恢复乐观、积极的态度，增强信心，缓解压力，调整不良情绪。比如，可以将警句写在日记本上或贴在墙上，以便经常鞭策自己。

其次，合理运用情绪调控策略，提高抗挫折能力。人在面临压力、遭受挫折时，如果能有意识地寻找和使用一些策略和方法来应付或适应所面临的困境，就能适度地调适情绪，释放压力和挫败感，从而达到心理平衡，摆脱不良情绪。因此，在教育中要教授给学生以下一些必要的策略来应对现实的挫折。（1）宣泄法。将积压在心里的烦恼、愤怒、悲伤等负性情绪以合理的方式发泄出来。比如：找知心朋友或信得过的老师、心理咨询老师谈心，或以写日记等形式将负性情绪表达出来；到空旷的地方放声大喊，高声歌唱……通过这些方式宣泄负性情绪，从而保持心理平衡。（2）转移法。离开当前的挫折情境，转移注意力，努力寻找生活美好的一面，比如，可以去参加体育活动或换到一个新的环境以摆脱痛苦，达到心理平衡。

最后，情绪管理，男女有别，应区别对待。前面的数据分析表明，男生在情绪管理能力上的表现要优于女生，为此，要增强女生情绪调控能力，就必须了解女生情绪情感更为感性、细腻、多愁善感的特点，给予女生更多关注与关怀，创设教育环境，设计更多活动，让她们学会如何自我控制、自我转化、自我释放不良情绪，加强自我修养，培养良好性格，保持乐观自信、积极进取的生活态度。

（四）教育家长、培养家长，家庭教育和学校教育相互协力，有机配合

调查结果显示：家庭是否重视培养孩子自我管理能力与孩子的实际能

力呈显著正相关，那些有着良好教育背景、具有高学历的家长，其子女的能力得分也相应更高。这充分说明家长是培养学生自我管理能力，促进其健康成长的重要角色，承担着学校教育所不可替代的重要职责，家庭是帮助学生实践自我管理的重要阵地。因此，培养自理自立能力，实现学生的自我管理，仅靠学校教育显然是不够的，必须依赖家庭教育的强大力量。只有学校与家长密切联系、配合，才能让学生在学校学习的东西在家里得到充分的实践，内化为学生的行为和习惯。同时，只有依靠学校教育对家长的正确指导，才能最终通过家长、家庭教育提升学生的自我管理能力。为此，学校、教师还应承担起教育家长、引导家长的责任，通过"家长学校"、家长会或家访等多种形式，从观念和行为上引领家长。

首先，学校教育要让家长意识到培养孩子的自主管理能力的必要性，明白培养孩子具有健康的心理、健全的人格、良好的个性、独立的生活能力远比单纯的学习成绩重要得多，只有自理自立才能自信自强。

其次，要教育家长营造利于学生独立成长的民主和谐的家庭氛围。

初中时期正是青少年自我管理意识蓬勃发展的时期，这一时期，他们会更多地表现和表达自己的观点、意见和看法，对待事物他们有自己的判断。同时，这一时期他们的自我管理意识还不完善，自我认识、自我体验、自我评价还不成熟。作为家长，要允许孩子有自己的主张和看法，不要时刻把自己的意志强加于孩子。我国传统的家庭教育中十分注意让孩子"听话"、"顺从"，却很少注意倾听孩子的意见。小到生活上的琐事，大到孩子的发展方向，一概由父母决定，孩子缺乏自己做决定的机会，导致他们的抉择能力不足，缺乏独立的见解和主张。为此，家庭教育要注重创建一个良好的交流和沟通的平台，通过亲子间平等的对话和交流，使家长的意见、观点、态度、方式、思维与孩子的观点看法发生碰撞，从而有力地推动初中生自我分析、自我评价、自我反思等能力的发展。只有具备独立的思考能力和灵活的头脑，将来面对纷繁复杂的社会时我们才能做出自己正确的选择，从容应对。

再次，要教育家长适度放手，让孩子在做家务中健康成长。

本次学生调查问卷统计结果显示，近八成的学生表示经常或有时参与家务劳动，但我们在与教师、家长的访谈交流中了解到的情况却并没有这么乐观。不少学生在家中很少做家务，原因多种多样，既有学生自己不愿意做的，也有借口学习忙而没时间做的，当然也有家长溺爱不让做的。实际上，父母如果能有意识地让孩子做些力所能及的家务，对孩子的成长是很有裨益的。一方面，通过平时做家务，在一定程度上可以锻炼孩子的生活自理能力，逐渐培养其自主、独立做事的习惯；另一方面，独立完成力所能及的事情后，孩子自身的价值受到肯定，会感受到成功的乐趣和快乐，"我能行"的感觉将会为其带来百倍信心和无穷动力，进而形成对自己的积极认同。此外，通过适度地参与家务劳动，可以让孩子在亲身体验中体会父母料理家务的辛苦和外出工作的不易，在体谅父母的同时主动学会为父母分忧解难、理性消费、理解父母等。总之，让孩子自主去做，在生活中不断去尝试、磨炼，定会促进其自我管理能力、生存能力的发展。

（五）学校应更多地关注寄宿学生的生存状况，着力培养并提升其自我管理能力

调查结果显示：寄宿初中生的自我管理能力普遍低于走读学生，寄宿时间长的学生的能力低于寄宿时间短的学生，这种状况体现在自我管理的各方面，如学习、情绪和部分生活管理当中。这个结果与我们惯常认为的寄宿学生较之普通学生具有更好的学习生活习惯、更强的独立生活能力、更高的心理健康水平、更好的社会适合能力有些相悖。这说明寄宿制学校并没有充分发挥出其在寄宿生特定能力培养上的优势，反而显露出其在育人上的薄弱环节，反映出其在寄宿生最基本的自我管理能力的培养上基本是缺位的。

寄宿学生是一个非常特殊的群体，他们自进校以来一直过着远离父母的寄宿生活，学校对于他们的意义已不仅仅是学习的场所，更是他们生活成长的主要空间，是他们的另一个"家"。寄宿生的大部分时间都是在这个"家"里与老师同学一起度过的，与父母的情感联系较少。而作为初中生，又正处于青春期，他们的自控能力不强，思想意识尚未成熟，在这种学习环境、生活环境和交往环境都发生了重大改变的时期，来自成人社会

的关注、指导和帮助对于他们的健康成长非常重要，不可或缺。为此，学校和教师应更多地关注寄宿学生的生存状况，为他们能在这个环境中愉快地生活、健康地成长做出更多努力。

1. 学校应转变传统的管理观念，立足于人性管理、自我管理

我国学校传统管理观念认为学生是管理的对象，学校的管理制度和机构是用来约束学生的。这种传统的管理制度置学生于被管理的地位，只能无条件地执行和服从，管理方法上简单粗放、程式化、一统化、军事化、无差别化。这种"目中无人"的管理，既无视学生作为独立生命个体的需求和差异，严重束缚了学生的心灵，也忽视了学生在管理、学习中的主体地位，加重了学生的逆反心理，剥夺了绝大多数学生锻炼自我、管理自我的机会，最终难以收到管理成效。新时代的管理文化首先要求我们的管理应"以人为本"，更具人文关怀，管理模式应更精细化、人性化、个别化、差异化，应更细心地了解学生在学习、情感、生活上的困惑与需要，为他们提供个别化的服务与帮助，让他们在校也能拥有家庭般的温暖、安全氛围，对老师有似父母般的信赖与亲密。其次要求放手让学生自我管理。让学生学会自我管理，成为一个能够自我管理、自我约束、自己做主的人，而不是一个终生要让别人来管理的人，这才是最有效的管理。让学生成为管理的主角，给予他们足够的空间，做好他们的参谋，相信他们会增长管理才干，管理好自己。

2. 教师的适切指导与有效参与是增强学生自我管理能力的重要保障

学校教育一般侧重于对学生的教学管理，重视学习成绩的提高，很多寄宿学校对学生的管理远未像对待学生的学习一样精细、精心。管理人员随意指派，素质不高，或是精力不济的老教师，或是不能胜任教学任务的"半下岗"老师，他们或观念陈旧，或不具有亲和力，对学生学习、生活、心理上的问题与困惑或不能及时洞察，或由于缺乏专业知识而不能提供有效的帮助，这都在极大程度上影响了学生自我管理的成效。为此，学校应高度重视寄宿生的管理工作和身心发展，选拔有经验、有爱心、有热情、有专业学识的教师来从事学生管理工作。

教师对学生在自我管理中的支持与指导作用至关重要。这种作用应体

现在以下方面。

第一，针对寄宿生开设相应的课程，如自理技能课程、与人交往课程、有效学习课程、心理健康课程等，通过课程的方式对学生基本的生活自理技能、学习和情绪监控技能进行训练，增强学生适应学校生活的能力。

第二，因材施教，团体干预，分类指导。针对寄宿生容易产生学习和情绪情感困扰等问题，教师应及时提供适切的辅导。对学生在学校学习和日常生活中遭遇的一些具有普遍性的事件，如学习适应、时间管理、人际压力、女生青春期身心变化等，首先，采取团体干预的方式，通过课程传授、专家讲座、学长榜样示范、邀请家长进行亲子交流等方式为他们提供处理的策略或经验，帮助他们掌握应对技能。其次，通过成立"互助小组"等方式，鼓励同学之间、舍友之间互相关心、互相交流、分享经验，一旦发现异常情况及时报告老师，及时干预；最后，成立心理咨询室，为学生提供专业的、个别化的辅导，使学生的烦恼、焦虑、紧张不安感能及时得到疏解，引导学生走出心理误区。

3. 创设丰富多样的活动，让学生在活动中增长才能

能力的具备不是天生的，也不是通过苦口婆心的说教获得的，而是在丰富的社会环境和多样的实践活动中慢慢形成和发展起来的。为此，应经常性地开展丰富多彩的综合性、实践性活动，如兴趣小组、社团活动、团体训练、拓展训练、野外生存等，使学生在校的所有时间都充斥各种活动，在活动中学会沟通交流，学会解决问题，在任务驱动中学会负责，学会团队协作，在生存演练中学会谋生技能，锻炼坚强意志。

对于让孩子选择寄宿的家庭来说，家长更要关爱孩子，不要以工作忙为托词，更不要有孩子寄宿，教育就该由学校全权负责的想法，毕竟学校教育代替不了家庭教育。周末、寒暑假是家长与孩子交流沟通的最好时间，应该好好把握住这段时间，积极与孩子交流，倾听他们的心声，接纳孩子的意见，尝试从孩子的立场来了解他们，以自己的人生经验和阅历与孩子分享困惑，帮助他们健康快乐地成长。

第四章

沟通与合作能力

一、沟通与合作能力的理论研究

（一）沟通与合作能力的概念界定

沟通与合作能力是指妥善处理组织内外关系的能力，包括与周围环境建立广泛联系和对外界信息的吸收、转化能力，以及正确处理人际关系的能力，是社会实践和社会生活能力的重要组成部分。

沟通与合作能力主要表现为处理人与人、个人与群体之间关系的能力，以及妥善处理组织内外关系的能力。主要包括：感受、理解与沟通能力（基本的心理和态度、方法表现），计划/规划与应变能力（做事过程中的方式表现），领导组织与协调能力（活动中的态度和行为表现），等等。

（二）国内外文献中的表述

我们通过查阅国内外相关文献发现，近年来在各个国家和地区以及国际组织提出的能力框架中，与"沟通与合作"相关的指标均位列其中，尽管详略程度和用词有所不同，但内涵基本一致。可见，各个国家和地区以及国际组织都充分肯定沟通与合作能力的重要性，并在理解上达成了一定的共识（表4-1）。

表4-1　世界各个国家和地区以及国际组织能力框架中的沟通与合作能力

组织/国家/地区	相关能力表述	说　明
OECD	• 与来自不同文化背景的人交往的能力 • 与他人建立良好关系的能力 • 团队合作能力 • 控制与解决冲突的能力	"关键能力的界定与选择"（The Definition and Selection of Key Competencies）分为3类，共9项，此为其中第2类中的第3项
欧盟	人际交往和履行公民职责的能力	"终身学习关键能力"（Key competences for lifelong learning）分为8项，此为其中第6项
美国	A2. 交流工具和技巧 A5. 与他人共同工作的工具和技巧	应用能力表现标准（Applied Learning Performance Standards）依据职业能力划分为5类，此为其中第2和第5类
日本	3. 与他人及社会相关的——与他人协作解决问题的能力，为解决问题参与社会活动的态度	"综合学习时间"目标分为3类，此为其中第3类
中国香港	（4）人际关系	高中"应用学习"课程强调的共通能力分为5类，此为其中第4类
中国台湾	（4）表达、沟通与分享的能力 （5）尊重、关怀与团队合作的能力 （7）规划、组织与实践能力	课程改革提出的基本能力架构分为10项，此为其中3项
中国大陆	表达与交流的能力 交流与合作能力 人际关系能力	分别来源于《综合实践活动指导纲要（3—9年级）》（未正式颁布）、《教育部关于积极推进中小学评价与考试制度改革的通知》（2002）、《教育部关于推进中小学教育质量综合评价改革的意见》、《中小学教育质量综合评价指标框架（试行)》（教基二〔2013〕2号）中的目标表述

（三）能力素质模型的研究

美国哈佛大学教授大卫·麦克里兰（David McClelland）是国际上公认的能力素质模型（Competency Model）方法的创始人。他认为：在考查人的能力时，要离开被实践证明无法成立的理论假设和主观判断，回归现实；要从第一手材料入手，直接发掘那些能真正影响工作业绩的个人条件和行为特征。以其为首的研究小组经过大量深入研究发现，传统的学术能力和知识技能测评并不能预示工作绩效的高低和个人生涯的成功，而从根本上影响个人绩效的是诸如"成就动机"、"人际理解"、"团队领导"、"影响能力"等一些可称为能力素质的东西。这些能力素质是个体的一种潜在特质，它与一个人在工作中或某一情境中所表现出的与绩效关联的有效的或高绩效的行为有着明显的因果关联。简单地说，它可以预测一个人在一般的、常见的情境下和在一个持续的、特定的时期内的行为方式与思维方式。

麦克里兰有关能力素质模型的研究和观点，以及在此基础上提出的"STAR"测试方式和经典问题，为我们确认"沟通与合作能力"维度的价值及设计测试题目提供了重要启示。

（四）启示和认识

- 沟通与合作能力构建无须立足于学科的特殊要求；
- 可采用特定的框架来界定沟通与合作能力及其水平；
- 沟通与合作能力需行为化，形成可测评的标准；
- 沟通与合作能力评价的标准和结果要致力于改进课程与教学。

二、沟通与合作能力框架设计

（一）确定能力维度

在人的能力结构中，沟通与合作能力是不是最基础和关键的能力？除了参考国内外研究文献外，我们还通过社会调查，考查了在现实社会生活和不同的职业中，人们对沟通与合作能力的认识程度。我们进行了小范围的社会调查。

调研对象：文化教育产业从业人员、在校大学生，共25人；企业高管/大学教授等，共58人。

调研方法：以开放式自由记述的方式回答问题"你认为哪5项能力对你来说是最重要的"，列出5项即可。

调查结果：两个被调查群体中提到交往沟通/表达能力的人数比例均是最高的，达到80%以上，而提到责任心、执行力、协调/协作能力等的人数比例也都接近50%。这从一个侧面告诉我们，人们对沟通与合作能力的价值认可度是很高的。这个结果客观上为我们确定"沟通与合作能力"这一维度提供了依据。

（二）划分能力指标

在文献研究和社会调查的基础上，我们重点研究了要素范围，主要是通过收集和比对心理学有关人际交往、团队合作的各种研究成果，特别是与"沟通与合作能力"相关的心理测试题和职业能力测试题。在参照数十种测试题目的基础上，完成了一级指标的分解及其内涵的归类工作（图4-1）。

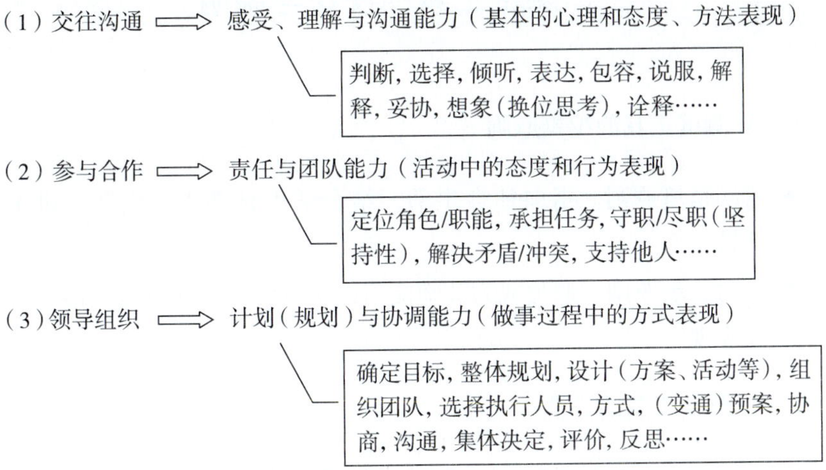

（1）交往沟通 ⟹ 感受、理解与沟通能力（基本的心理和态度、方法表现）

> 判断，选择，倾听，表达，包容，说服，解释，妥协，想象（换位思考），诠释……

（2）参与合作 ⟹ 责任与团队能力（活动中的态度和行为表现）

> 定位角色/职能，承担任务，守职/尽职（坚持性），解决矛盾/冲突，支持他人……

（3）领导组织 ⟹ 计划（规划）与协调能力（做事过程中的方式表现）

> 确定目标，整体规划，设计（方案、活动等），组织团队，选择执行人员，方式，（变通）预案，协商，沟通，集体决定，评价，反思……

图4-1 沟通与合作能力的一级指标及其内涵

经过反复讨论，并结合中学生的实际状况进一步归类整理，形成了包括一级指标（核心能力）和二级指标（具体表现）的沟通与合作能力框架（表4-2）。

表4-2 沟通与合作能力框架

维　度	一级指标（核心能力）	二级指标（具体表现）
沟通与合作	交往沟通能力	• 交往，交际 • 表达（口头、书面） • 倾听，理解 • 说服，解释 • 协商，妥协
	参与合作能力	• 角色定位 • 承担任务，守职 • 配合，协力 • 相互支持
	领导组织能力	• 确立目标 • 整体规划/设计 • 组织人员 • 解决矛盾

三、测试工具的设计与说明

（一）测试工具的编制原则

• 真实情境原则。指向社会生活，结合学生日常生活实际，讲求普适性。

• 行为表现原则。避免成为认知能力或学科测试，注重考查能力的外在表现。

（二）测试工具的分类

• 程度题。主要考查学生在某个具体问题或情境下的行为表现。

- 类别题。主要探究行为表现背后的原因。

经专家审查及对试测工具（初稿）的分析，删除了其中信度和效度不够的题目，并修改了部分题目的表达方式，最后形成了本维度的36道测试题，包括26道程度题和10道类别题（表4-3和表4-4）。

表4-3　沟通与合作能力测评工具（程度题）

一级指标	题　目	出题宗旨
沟通交往能力	3. 日常生活中，我通常只和认识的人打交道。	考查日常生活中的交际能力
	7. 我和同学们会经常聚在一起，议论一些大家感兴趣的问题。	考查人际关系的和谐程度
	10. 我善于在众人面前表达自己的想法。	考查口头表达能力
	13. 我和不熟悉的人打交道时会感到紧张。	考查交往心理
	17. 当我和低年级同学说话时，能尽量避免使用他们听不懂的词汇。	考查表达技能
	21. 我不喜欢广交朋友。	考查交际意识
	27. 当我和别人一起做事有不同想法时，我通常能说服别人。	考查倾听技巧考查说服能力
参与合作能力	32. 到一个新环境，我会很快地与周围人熟悉起来。	考查交往能力考查适应和参与能力
	38. 有机会参加竞赛时，我会积极争取。	考查参与动机和态度
	41. 我喜欢做集体活动的组织者。	考查承担、领导意愿
	45. 我们通常活动时会有明确的分工，每个人在活动中会各负其责。	考查承担任务、守职
	48. 如果在"主持会议"与"做会议记录"这两项工作中挑选一样，我宁愿挑选后者。	考查承担、领导意愿
	52. 在过去一年，我总是积极参加集体活动或小组活动。	考查参与态度
	55. 朋友向我寻求帮助时，我能伸出援助之手。	考查助人态度
	59. 当遇到困难和问题时，我和同学之间会经常交流、密切合作。	考查互相支持的程度
	62. 集体活动中，我一般不会采取主动，都是等待分配任务。	考查主动参与态度
	66. 领导、老师在场时，我讲话特别紧张。	考查主体自信力

续表

一级指标	题　目	出题宗旨
领导组织能力	70. 讨论发言时，我总是能把握自己的立场和观点。	考查把握目标的能力
	73. 尽管有些人与我意见不合，但我仍能与他（她）搞好团结。	考查协调能力
	77. 做事前，我总是会事先仔细考虑，然后再去做。	考查规划能力
	80. 在公共场合讲话，我不敢看听众的眼睛。	考查领导自信力
	87. 当朋友吵架时，我能出面调解，让他们和好。	考查解决冲突的能力
	90. 我要是想做什么事，只要一说，总会有一群同学和朋友响应。	考查号召力
	92. 我总能发现每个人的特点和长处。	考查识人、知人能力
	95. 当一件困难的事情做不下去时，我会放弃。	考查解决冲突的能力
	97. 当一件事情完成后，我总会想想哪点做得好，哪点做得不够好。	考查反思能力

表4-4　沟通与合作能力测评工具（调查题）

题　目	出题宗旨
1. 你想去办公室找老师问问题时，通常怎么做？ A. 自己一个人去　B. 找个和自己关系好的同学一起去　C. 多找几个人结伴去　D. 让别的同学替自己去　E. 不敢去，放弃　F. 其他_____	考查交往态度和方式
2. 请根据你的实际情况，在下面的两个小问题中选择一个回答（只选一题） （1）通常情况下，你和不熟悉的人打交道时会感到紧张，是因为： 　　A. 性格比较内向　B. 口头表达能力不强　C. 不喜欢和陌生人打交道　D. 不好意思　E. 觉得缺乏安全感　F. 其他_____ （2）通常情况下，你和不熟悉的人打交道时不会感到紧张，是因为： 　　A. 觉得很愉快　B. 有挑战性　C. 喜欢表现自己　D. 可以认识更多人　E. 性格外向　F. 其他_____	考查交往心理，以便做现象和原因关联的分析

续表

题　目	出题宗旨
3. 以往活动中遇到矛盾或意见不一致时，你和同学通常的做法是 　　A. 相互吸纳对方意见的合理性，达成一致　　B. 说服对方按照自己的意见做　　C. 举手表决，少数服从多数　　D. 服从组长或老师的意见 　　E. 各持己见　　F. 其他_____	考查协商能力
4. 在合作学习/活动中，你做的比较多的通常是？ 　　A. 组织、领导　　B. 参谋、出谋划策　　C. 主动承担具体工作　　D. 等待、服从分配　　E. 能少做，尽量少做　　F. 其他_____	考查角色意识
5. 在自由选择的情况下，外出调查一类的事情你通常是如何做的？ 　　A. 召集大家分工一起做　　B. 找合得来的人一起做　　C. 找能力强的人一起做　　D. 找能力不强，但踏实的人一起做　　E. 自己一个人做 　　F. 其他_____	考查协作态度和能力
6. 你和别人合作时通常会有什么感受？ 　　A. 愉快　　B. 学到东西，得到帮助　　C. 付出更多　　D. 烦躁，累 　　E. 没感觉　　F. 其他_____	考查合作动力
7. 你和同学在开展综合实践活动或其他活动前，通常先做哪些准备？ 　　A. 大家讨论目标商议制订一个活动计划　　B. 广泛浏览信息　　C. 按老师的要求去做　　D. 看别人怎么做就怎么做　　E. 什么也不做 　　F. 其他_____	考查领导规划能力
8. 小组活动中，常有人主动多做，有人基本不做。如果你是小组长，会怎么办？ 　　A. 说服不主动的人做　　B. 让愿意做的人多做　　C. 硬性分配 　　D. 自己多做　　E. 没办法　　F. 其他_____	考查组织协调能力
9. 当你和别人一起做事有不同想法时，你会怎么办？ 　　A. 尽力说服他人　　B. 听从他人建议　　C. 以我为中心，希望别人听自己的　　D. 找其他人来帮自己　　E. 生气，不理他（她）　　F. 其他_____	考查说明能力
10. 当你负责的活动需要调整时，你是否会召集相关同学解释原因，说明可能产生的结果？ 　　A. 会，并听取同学的意见　　B. 会，征得大家的理解 　　C. 会，但只要求大家照我说的去做　　D. 听老师的　　E. 不会 　　F. 其他_____	考查处理问题、应变能力

四、研究结果与讨论

（一）沟通与合作能力的总体状况

调查结果显示：初中生的沟通与合作能力与其实践能力总体水平相比稍低，且学生之间差异也较大；各项能力指标之间具有一定差异，但不显著（表4-5）。

从表4-5中可以看出，中学生实践能力总体平均得分为3.4524分，其中沟通与合作能力的平均得分为3.3995分（5分为最高分），低于实践能力总体得分，说明学生虽具备一定的交往与合作能力，但整体水平还不高。在沟通与合作能力的三个一级指标中，交往沟通能力的平均得分为3.3688分，在三个指标中居于中等水平；参与合作能力的平均得分为3.3633分，为三个指标中最低的；组织领导能力的平均得分为3.4625分，为三个指标中最高的。比较而言，前两个指标的平均得分相差不大，仅为0.01分，而它们与第三个指标相比则相差0.1分，说明三类能力水平之间存在一定的差异。

表4-5 沟通与合作能力的总体状况

	人　数	最小值	最大值	均　值	标准差
交往沟通能力	1713	1.43	5.00	3.3688	0.63394
参与合作能力	1713	1.30	5.00	3.3633	0.65467
组织领导能力	1717	1.44	5.00	3.4625	0.61855
沟通与合作能力	1713	1.62	5.00	3.3995	0.55447
实践能力	1713	1.82	4.91	3.4524	0.47718

从表4-6中可以看出，沟通与合作维度的得分分布基本符合正态分布。进一步从该维度的三个指标得分分布图中可以看出，在沟通与合作能

力的三个方面，学生的能力水平基本符合正态分布，但也表现出一定的差异。其中，交往沟通能力得分在 3.00—4.00 分这一区间比较集中，各个分值的选择人数在 100—150 人；参与合作能力得分主要在 2.00—4.50 分这一区间，且其中只有一个分值的选择人数接近 200 人，其余的均在 100 人上下；领导组织能力得分主要集中在 2.50—4.50 分这一区间，且选择人数多少不一，其中有两个分值的选择人数接近 250 人，其余则均在 50—150 人（表 4 - 7 至表 4 - 9，图 4 - 2 至图 4 - 4）。

表 4 - 6　沟通与合作能力得分分布

	得分区间	人 数	百分比	有效百分比	累积百分比
有效	1.00—1.99	12	0.7	0.7	0.7
	2.00—2.99	352	20.2	20.5	21.2
	3.00—3.99	1086	62.3	63.4	84.6
	4.00—5.00	263	15.1	15.4	100.0
	合计	1713	98.3	100.0	—
缺失	系统缺失	29	1.7	—	—
合计		1742	100.0	—	—

表 4 - 7　交往沟通能力得分分布

	得分区间	人 数	百分比	有效百分比	累积百分比
有效	1.00—1.99	21	1.2	1.2	1.2
	2.00—2.99	401	23.0	23.4	24.6
	3.00—3.99	957	54.9	55.9	80.5
	4.00—5.00	334	19.2	19.5	100.0
	合计	1713	98.3	100.0	—
缺失	系统缺失	29	1.7	—	—
合计		1742	100.0	—	—

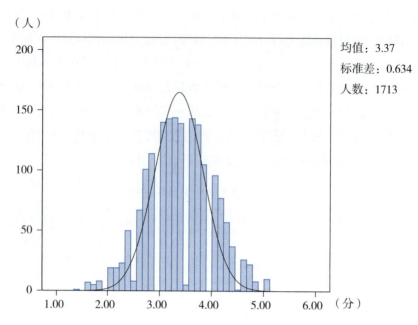

（人）

均值：3.37
标准差：0.634
人数：1713

图 4-2　交往沟通能力得分分布

表 4-8　参与合作能力得分分布

	得分区间	人　数	百分比	有效百分比	累积百分比
有效	1.00—1.99	22	1.3	1.3	1.3
	2.00—2.99	431	24.7	25.2	26.4
	3.00—3.99	941	54.0	54.9	81.4
	4.00—5.00	319	18.3	18.6	100.0
	合计	1713	98.3	100.0	—
缺失	系统缺失	29	1.7	—	—
合计		1742	100.0	—	—

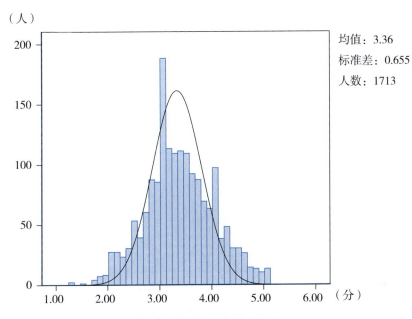

（人）

均值：3.36
标准差：0.655
人数：1713

图 4 – 3　参与合作能力得分分布

表 4 – 9　领导组织能力得分分布

	得分区间	人　数	百分比	有效百分比	累积百分比
有效	1.00—1.99	14	0.8	0.8	0.8
	2.00—2.99	323	18.5	18.8	19.6
	3.00—3.99	1000	57.4	58.2	77.9
	4.00—5.00	380	21.8	22.1	100.0
	合计	1717	98.6	100.0	—
缺失	系统缺失	25	1.4	—	—
合计		1742	100.0	—	—

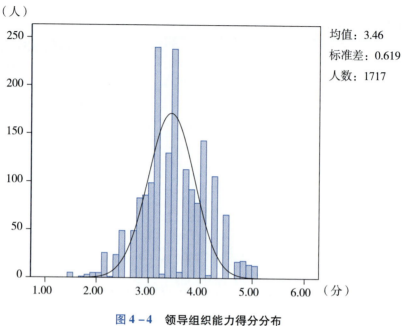

（人）

均值：3.46
标准差：0.619
人数：1717

图 4 - 4　领导组织能力得分分布

（二）沟通与合作能力各维度的状况

1. 交往沟通能力

有关交往沟通能力的测试题主要考查了交往的意愿、技能、行为等几个方面（表4 - 10）。

表 4 - 10　交往沟通能力的题目与回答情况

题　目	均　值	标准差	选择"很不符合"和"不太符合"的比例	选择"一般"的比例	选择"比较符合"和"很符合"的比例
3. 日常生活中，我通常只和认识的人打交道。	2.76	1.280	48.1	21.4	30.6
7. 我和同学们会经常聚在一起，议论一些大家感兴趣的问题。	3.62	1.175	17.1	25.3	57.5

续表

题　目	均　值	标准差	选择"很不符合"和"不太符合"的比例	选择"一般"的比例	选择"比较符合"和"很符合"的比例
10. 我善于在众人面前表达自己的想法。	3.04	1.141	31.1	36.4	32.5
13. 我和不熟悉的人打交道时会感到紧张。	2.99	1.270	36.8	27.1	36.2
17. 当我和低年级同学说话时，能尽量避免使用他们听不懂的词汇。	3.47	1.220	20.2	28.9	50.9
21. 我不喜欢广交朋友。	2.00	1.191	70.2	15.8	13.0
27. 当我和别人一起做事有不同想法时，我通常能说服别人。	3.21	0.988	20.4	44.9	34.7

（1）多数学生具备较强的交往意愿、开放的心态

由表4－10可以得知，学生的交往意愿比较强烈，在"我不喜欢广交朋友"一题（第21题）中，选择否定回答的人数比例高达70.2%，十分突出，而选择肯定回答的人数比例则仅为13.0%，说明大多数学生心态都很开放，愿意与人交往。

（2）半数以上的学生具备较好的说明能力，约三成学生具备较强的表达和说服能力

表4－10还显示，学生在日常交流和同学之间的人际关系方面处于比较好的状态，有57.5%的人对"我和同学们会经常聚在一起，议论一些大家感兴趣的问题"表示肯定。在表达能力方面，具备一定的说明能力的学生超过了半数，在"当我和低年级同学说话时，能尽量避免使用他们听不懂的词汇"一题中，有50.9%的学生选择了肯定回答，懂得根据不同的对象采取不同的沟通方式；有近1/3的学生认为自己具有较好的表达能力，对"善于在众人面前表达自己的想法"（第10题）做出肯定回答的人数比

例为32.5%；还有34.7%的学生表示"和别人一起做事有不同想法时，我通常能说服别人"，说明有超过1/3的学生具备一定的说服能力。

（3）多数学生交往的范围较小，交往心理不够成熟

与此同时，在"日常生活中，我通常只和认识的人打交道"一题（第3题）中，选择肯定回答的人数比例达到了30.6%，说明还有相当一部分学生的意愿和行为之间还存在着比较大的差别，部分学生实际交往的范围仅限于熟人圈。之所以如此，其中一个原因是"和不熟悉的人打交道时会感到紧张"（第13题），有超过1/3的学生在这一题中选择了肯定的回答（36.2%），说明学生的交往心理还存在一定障碍，不够成熟。这一点我们在访谈中也感触颇深，特别是在对农村中学生的访谈过程中，只有担任过班干部的学生还有些大胆，其他同学见到生人会紧张、胆怯，不知如何表达，问一句答一句，谈话的过程中也不敢看对方的眼睛，说是怕不尊重对方。

交往沟通能力的调查结果显示出，除交往意愿外，交往沟通能力总体数据比较均衡，没有什么特别突出的。这一方面说明学生具备了一定的交往沟通能力，但另一方面也反映出其能力尚待提升。特别是在语言交流沟通方面，有超过2/3的学生没有对自己的表达能力做出肯定回答，分别有67.5%和65.3%的学生对自己的表达能力和说服能力做出了不确定和否定的回答。

2. 参与合作能力

有关参与合作能力的测试题主要考查了适应参与能力、角色意识和能力、协作能力、支持力、承担责任能力等方面（表4–11）。

表 4 - 11 参与合作能力的题目与回答情况

题　目	均　值	标准差	选择"很不符合"和"不太符合"的比例	选择"一般"的比例	选择"比较符合"和"很符合"的比例
32. 到一个新环境，我会很快地与周围人熟悉起来。	3.76	1.112	13.5	25.3	61.5
38. 有机会参加竞赛时，我会积极争取。	3.17	1.235	29.9	30.7	39.3
41. 我喜欢做集体活动的组织者。	3.09	1.269	32.7	31.5	35.8
45. 我们通常活动时会有明确的分工，每个人在活动中会各负其责。	3.71	1.092	12.8	28.2	59.0
48. 如果在"主持会议"与"做会议记录"这两项工作中挑选一样，我宁愿挑选后者。	2.94	1.372	38.4	26.9	34.7
52. 在过去一年，我总是积极参加集体活动或小组活动。	3.23	1.250	27.5	31.7	40.8
55. 朋友向我寻求帮助时，我能伸出援助之手。	4.23	0.898	4.4	14.2	81.4
59. 当遇到困难和问题时，我和同学之间会经常交流、密切合作。	3.57	1.106	15.6	30.7	53.7
62. 集体活动中，我一般不会采取主动，都是等待分配任务。	2.88	1.193	39.0	31.1	30.0
66. 领导、老师在场时，我讲话特别紧张。	3.32	1.303	26.9	26.8	45.3

（1）部分学生具备较强的适应和一定的参与能力

表 4 - 11 的数据显示，多数学生具备较强的人际关系适应能力。对

"到一个新环境，我会很快地与周围人熟悉起来"（第32题）选择肯定回答的学生比例达到了61.5%，说明多数学生具有比较强的人际适应能力和参与意识，能很快融入群体中；在参与态度方面，有大约四成的学生表现出积极的倾向，对"有机会参加竞赛时，我会积极争取"（第38题）表示肯定的学生比例为39.3%，对"在过去一年，我总是积极参加集体活动或小组活动"（第52题）做出肯定回答的学生比例为40.8%。

（2）多数学生具备较强的合作能力，大多数学生具备很强的互助、支持能力

调查结果显示，多数学生具备比较好的分工合作能力。对"我们通常活动时会有明确的分工，每个人在活动中会各负其责"（第45题）做出肯定回答的学生比例为59.0%，对"当遇到困难和问题时，我和同学之间会经常交流、密切合作"（第59题）做出肯定回答的学生比例为53.7%，均超过半数，反映出学生日常学习活动中合作学习的状态。值得注意的是，对"朋友向我寻求帮助时，我能伸出援助之手"（第55题）中，有81.4%的学生做出了肯定回答，这一比例在"沟通与合作能力"维度的所有项目中是最高的。这既反映了学生间人际关系的融洽，也反映出他们具有较强的互助、支持能力。

（3）约三成学生具备一定的承担责任意识

在承担责任意识方面，学生的回答表现出均衡的特征：在主动和被动、积极和消极方面，选择否定回答、不确定和肯定回答的比例相对接近，差异不明显。其中，在"我喜欢做集体活动的组织者"（第41题）一题上，三类回答的比例分别为32.7%、31.5%、35.8%；在"如果在'主持会议'与'做会议记录'这两项工作中挑选一样，我宁愿挑选后者"（第48题）一题上，三类回答的比例分别为38.4%、26.9%和34.7%。这样的结果表明，具有明确的承担责任意识的学生在1/3左右。

（4）多数学生主体意识和自信力不够

对"集体活动中，我一般不会采取主动，都是等待分配任务"（第62题）做出肯定回答的学生比例为30.0%，表现出积极倾向的人数比例相比于第32题和第48题下降了约10个百分点，说明有近1/3的学生在参加集

体活动时比较被动、消极。调查结果还显示，对"领导、老师在场时，我讲话特别紧张"（第66题）做出肯定回答的比例为45.3%，反映出有相当一部分学生的主体自信力和角色意识还不够。

参与合作能力的调查结果显示出，学生在参与合作方面的能力倾向大致可以归纳为三类：一是分布状态明显趋于积极方向的，其中包括同伴支持力、人际适应力、分工合作能力等，其肯定回答的比例均在50%以上；二是分布比较平衡但趋于积极方向的，主要体现在参与意识和行动、承担责任能力方面，其肯定回答的比例均在30%—40%；三是选择倾向相对消极的，主要表现在心理状态方面。

3. 领导组织能力

有关领导组织能力的测试题主要考查了对目标把握和规划能力、协调和解决冲突能力、反思意识、组织号召力、观察和识人能力等方面（表4 – 12）。

表 4 – 12　领导组织能力的题目与回答情况

题　目	均　值	标准差	选择"很不符合"和"不太符合"的比例	选择"一般"的比例	选择"比较符合"和"很符合"的比例
70. 讨论发言时，我总是能把握自己的立场和观点。	3.43	1.055	17.4	36.5	46.0
73. 尽管有些人与我意见不合，但我仍能与他（她）搞好团结。	3.70	1.057	11.8	28.8	59.4
77. 做事前，我总是会事先仔细考虑，然后再去做。	3.47	1.049	16.3	34.9	48.8
80. 在公共场合讲话，我不敢看听众的眼睛。	2.71	1.351	48.2	23.1	28.8
87. 当朋友吵架时，我能出面调解，让他们和好。	3.72	1.068	11.8	29.6	58.6

续表

题　目	均　值	标准差	选择"很不符合"和"不太符合"的比例	选择"一般"的比例	选择"比较符合"和"很符合"的比例
90. 我要是想做什么事，只要一说，总会有一群同学和朋友响应。	3.10	1.053	25.0	42.2	32.8
92. 我总能发现每个人的特点和长处。	3.64	1.063	13.2	31.5	55.2
95. 当一件困难的事情做不下去时，我会放弃。	2.60	1.145	48.7	30.9	20.4
97. 当一件事情完成后，我总会想想哪点做得好，哪点做得不够好。	3.40	1.101	18.0	37.2	44.8

（1）少部分学生具备一定的把握目标和规划能力

如表4－12所示，调查数据表明，少部分学生在把握目标和规划行动方面具有一定的能力，对"讨论发言时，我总是能把握自己的立场和观点"（第70题）和"做事前，我总是会事先仔细考虑，然后再去做"（第77题）做出肯定回答的学生比例分别为46.0%和48.8%，而在这两题上选择否定回答的学生比例均未超过18%。

（2）多数学生具备一定的协调和解决冲突能力

相比较而言，具备协调和解决冲突能力的学生比例更高，对"尽管有些人与我意见不合，但我仍能与他/她搞好团结"（第73题）和"当朋友吵架时，我能出面调解，让他们和好"（第87题）做出肯定回答的学生比例分别为59.4%和58.6%，比把握目标和规划能力高出10个百分点以上，而在这两题上选择否定回答的比例均为11.8%，说明多数学生具备一定的协调人际关系和解决冲突能力。

（3）半数左右的学生具备一定的观察、识人能力和自信力

观察和识人能力是作为组织领导者必备的素养。通过调查我们发现，

有超过半数的学生都对此表现出相当的自信。对"我总能发现每个人的特点和长处"（第92题）做出肯定回答的比例达到了55.2%，只有13.2%的人做出了否定回答。此外，对"在公共场合讲话，我不敢看听众的眼睛"（第80题）做出否定回答的比例为48.2%，而只有28.8%的人选择了肯定回答。说明相当一部分学生具备识人能力和自信力。①

（4）近半数学生具备一定的反思意识，但调节/应变能力尚不足

调查结果显示，有44.8%的学生对"当一件事情完成后，我总会想想哪点做得好，哪点做得不够好"（第97题）做出了肯定回答，说明部分学生具备反思意识。比较多的学生对"当一件困难的事情做不下去时，我会放弃"（第95题）做出了否定回答，而只有少数学生做出了肯定回答，其比例分别为48.7%和20.4%。是否能够根据实际应变、懂得放弃也是考查人是否具备变通调节能力的重要内容。单从数据上看，学生在这方面的能力水平不高，但这个结果恐怕和学生对题意的理解有关，也和我们多年的"不怕困难"、"克服困难"的教育有关。

（5）多数学生组织号召力一般

调查结果显示，总体上学生在组织号召力方面表现一般，对"我要是想做什么事，只要一说，总会有一群同学和朋友响应"（第90题）做出肯定回答的人数比例为32.8%，而选择否定回答的比例为25.0%，占比最高的是处于"不确定"状态的学生（42.2%）。组织号召力的高低和人的威信、性格、地位和身份有着十分密切的关联，在学校和班级组织中，具备这些外部条件的学生不占多数，所以说这个结果比较能反映真实情况。

领导组织能力的调查结果显示，学生在领导组织能力倾向上虽没有特别突出的表现，但除组织号召力一项以外，其他各项都趋于积极的状态。

（三）沟通与合作能力表现类别及相关因素分析

为了更清楚地考查学生在实际情境中的"能力表现"，我们在对学生

---

① 值得注意的是，第80题的结果和第66题的结果所反映出的倾向性基本相反，其原因有待进一步研究。

沟通与合作能力做初步分析的基础上，根据调查题的统计结果，进一步分析学生能力状况及其影响因素。

1. 交往沟通能力

（1）多数学生日常怯于单独与老师沟通

图4-5表明，学生想去办公室找老师问问题时，选择"自己一个人去"的比例为35.6%，而选择最多的是"找个和自己关系好的同学一起去"（51.0%），前者比后者低15.4个百分点，此外，选择"多找几个人结伴去"（6.4%）、"让别的同学替自己去"（0.9%）、"不敢去，放弃"（4.3%）的人数比例合计超过了10%。由此可以看出，虽然学生天天与老师在课堂中见面，但在与老师面对面的交往中仍显得有些胆怯，表现出紧张和畏惧心理。这和我们在访谈时了解到的情况相同，有的学生说去办公室找老师时肯定会找同学陪着去，哪怕是在办公室外等着也好，心里就不那么紧张了。这个结果也和学生调查问卷中第二部分（程度题部分）第66题中学生在老师面前讲话是否感到紧张的调查结果（占45.3%）是一致的（参见第66题结果分析）。

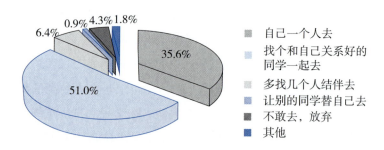

图4-5 和老师单独交流时的行为表现

（2）心理的成熟度和开放度直接影响学生与人的交往

前面已经提到，有36.2%的学生承认自己在和不熟悉的人打交道时会感到紧张，同时也有36.8%的学生对此持否定态度。是何种原因导致了这两种截然不同的结果？通过图4-6和4-7我们可以看到，导致心理紧张的原因有多种，主要包括：性格比较内向（20.7%）、口头表达能力不强（18.1%）、不喜欢和陌生人打交道（22.0%）、不好意思（26.9%）以及觉得缺乏安全感（9.6%）等。这些原因主要是出于心理不成熟、主观动力不足或能力不足。与此同时，一部分学生乐于与人交往的主要原因则多在于意愿和情感等内驱力，如可以认识更多人（44.6%）、觉得很愉快（18.5%）、性格外向（15.7%）、有挑战性和喜欢表现自己（17.2%），这些都表现了学生的开放和成熟心态。上述两种心理都凸显了初中生的年龄阶段特征和心理发展水平。

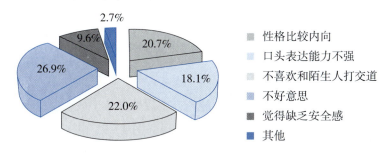

图4-6 和不熟悉的人交往时紧张的原因

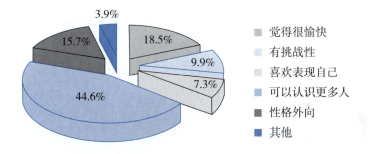

图4-7 和不熟悉的人交往时不紧张的原因

（3）多数学生会采用理智、宽容的沟通方式解决矛盾

如图4-8所示，学生在遇到矛盾或问题时采用最普遍的解决方式是，"相互吸纳对方意见的合理性，达成一致"，选择该项的比例远高于其他项，达58.5%，表明多数学生在处理矛盾时是理智的、宽容的，能够通过倾听、妥协、协商达成一致。其余各项按照选择的比例由高到低依次为："举手表决，少数服从多数"（14.3%），"说服对方按照自己的意见做"（12.1%），"服从组长或老师的意见"（9.2%）。这些方式也均有一定的合理性，但其中表现出的主体意识和能力倾向有所不同；选择"各执己

见"的学生最少，仅占 5.0%。

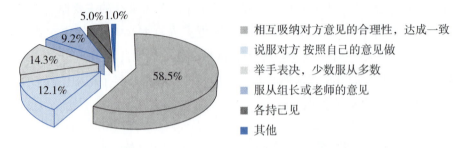

- 相互吸纳对方意见的合理性，达成一致
- 说服对方 按照自己的意见做
- 举手表决，少数服从多数
- 服从组长或老师的意见
- 各持己见
- 其他

图 4 - 8 意见不一、发生矛盾时的解决办法

2. 参与合作能力

（1）多数学生具备主动参与的能力，少数学生处于被动参与状态

通过学生在合作学习活动中的行为表现（图 4 - 9）可以看出，积极参与者的比例总体上高于消极被动参与者的比例，其中，角色定位为"参谋角色、出谋划策"的人数比例最高，为 32.3%；"主动承担具体工作"和承担"组织、领导"角色的人数比例分别为 18.2% 和 10.7%，这三项合计占总体的 61.2%。因此，可以说多数学生具备主动参与集体活动的意识和能力，并能把握角色定位。但与此相对，在活动中处于"等待、服从分配"的被动参与状态的学生比例排在第二位，为 30.6%，还有 6.5% 的学生选择了"能少做，尽量少做"，说明这部分学生缺乏在集体中的角色意识和承担责任的能力。

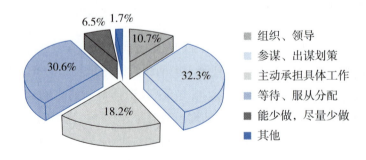

- 组织、领导
- 参谋、出谋划策
- 主动承担具体工作
- 等待、服从分配
- 能少做，尽量少做
- 其他

图 4 - 9 合作学习中的角色定位

（2）学生在分工合作中最重视的是人际和谐，缺乏合作愿望的人占极少数

图 4 - 10 显示，学生在合作中最注重的不是能力强弱，而是彼此之间的关系是否和谐，选择"找合得来的人一起做"的人数比例为 42.5%，远远高于选择"找能力强的人一起做"的人数比例（13.4%），说明多数学生懂得人际关系和谐的重要性。在这一组数据中还可以看到，有 1/3 的学生具备领导意识和组织能力，而且绝大多数学生都懂得合作的重要性，相信群体的力量大于个人的力量，只有 4.9% 的学生选择了"自己一个人做"。

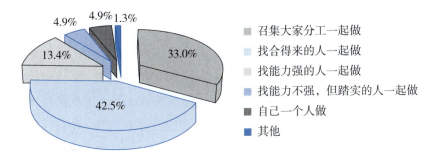

图 4 - 10　活动中合作的意愿和组织能力的表现

（3）在参加实践活动中，2/3 的学生具备一定的计划能力和主动性，1/3 的学生比较被动，参与意识和能力不够

调查结果显示（图 4 - 11）：多数学生在参与实践活动前都有明确的目标意识和协商能力，首选"大家讨论目标商议制订一个活动计划"的人数比例达到了 41.4%，远高于选择其他选项的人数比例，不仅如此，有 27.4% 的学生还把"广泛浏览信息"作为前期准备活动的首选，选择这两项的人数比例合计达到了 68.8%；与此相对，少部分学生在活动前尚缺乏主体意识和自主能力，有 21.5% 学生选择"按老师的要求去做"，甚至还有很少一部分学生不知道自己应该如何去做，而是"看别人怎么做就怎么做"（5.7%）或是"什么也不做"（3.1%），这三类学生大致占总体的 1/3，说明其自主活动能力和主体参与能力还不强。

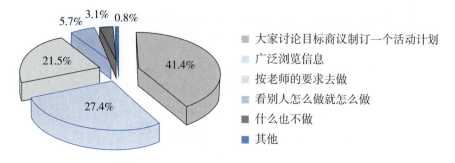

图 4 - 11　学习活动中的计划能力和主动性

3. 领导组织能力

（1）多数学生具备一定的组织协调能力，少数学生的组织协调能力尚显不足

图 4 - 12 显示，面对如何有效组织一个团队的问题，有 60.1% 的学生都首选"说服不主动的人做"，表现出比较好的协调和解决问题的能力。但值得注意的是，其余的四成左右的学生缺乏这种能力。其中有 12.8% 的人选择了"让愿意做的人多做"这种逃避矛盾的解决办法，有 11.4% 的人选择了"硬性分配"这种简单粗暴的办法，还有 11.5% 的人选择了"自己多做"这种虽以身作则但缺乏团队组织的无奈之举，这和选择"没办法"（3.0%）的人一样，都表现出缺乏作为组织者的领导能力。

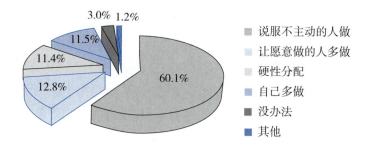

图 4 - 12　领导能力和协调能力的行为表现

（2）绝大多数学生在处理突发事件时都能选择合适的方式，具备良好的应变能力

作为一个领导组织者，是否能在遇到问题时灵活处理，以及在解决问

题过程中表现出应有的民主意识是十分重要的。我们通过调查发现（图4－13），在遇到问题时，分别有41.2%和47.2%的学生选择了会向同学做出解释，并听取同学的意见或征得大家的理解，选择这两项的人数比例合计达到了88.4%，可以说绝大多数学生都表现出了非常好的民主意识和解决问题的策略。与此相对，表现出比较专制（"会，但只要求大家照我说的去做"）或缺乏基本处理问题能力（"听老师的"和"不会"）的学生仅占很小比例，合计为11.1%。

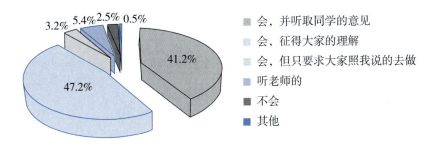

3.2%　5.4%　2.5%　0.5%

41.2%

47.2%

- 会，并听取同学的意见
- 会，征得大家的理解
- 会，但只要求大家照我说的去做
- 听老师的
- 不会
- 其他

图4－13　处理突发事件时的应变能力

（四）沟通与合作能力的差异分析

为了更清楚地把握不同群体的学生在沟通与合作能力方面的差异性，我们在本次调研中还分别就性别、家庭以及城乡等几个背景因素，对学生的能力水平做了差异分析，其结果如下。

（1）性别因素：男女学生之间在沟通与合作能力上有显著差异

结果表明，男女学生在沟通与合作能力方面有显著差异，男生的沟通能力显著低于女生（表4－13）。

表4－13　男女学生沟通与合作能力差异分析

	均　值	标准差	F 值	显著性
男生	3.3629	0.57025	6.887	0.009
女生	3.4355	0.53770	—	—
合计	3.4002	0.55480	—	—

（2）父母学历因素：不同父母最高学历的学生在沟通与合作能力上有显著差异

结果表明，父母的最高学历不同，学生在沟通与合作能力上的得分也呈现出显著差异，总体而言，父母学历越高，学生的能力得分也越高。其中，父母最高学历为大专或本科的学生与父母最高学历为研究生及以上的学生之间差异不明显，其他两两差异均显著（表4－14）。

表4－14　不同父母最高学历的学生沟通与合作能力差异分析

	均　值	标准差	F 值	显著性
初中以下	3.2784	0.54314		
高中（或中专、中师、中技）	3.3526	0.53511		
大专或本科	3.5343	0.54536	24.045	0.000
研究生及以上	3.5957	0.57104		
合计	3.3999	0.55343		

（3）地区因素：城乡学生在沟通与合作能力上有显著差异

结果表明，城市和农村学生在沟通与合作能力上有显著差异，且城市学生的得分显著高于农村学生（表4－15）。

表4－15　城乡学生沟通与合作能力差异分析

	均　值	标准差	F 值	显著性
城市	3.4507	0.57513		
农村	3.3534	0.53162	13.215	0.000
合计	3.3999	0.55478		

（五）初中生沟通与合作能力的现状

以上主要是对问卷结果的数据分析，结合访谈获得的资料，我们对初中生沟通与合作能力的现状有了初步认识，主要包括以下几方面。

1. 与实践能力总体水平相比，中学生的沟通与合作能力稍低，且学生之间差异也较大；沟通与合作能力的各项能力指标之间存在一定差异，但不显著。

2. 通过对学生调查问卷的频次统计和访谈，我们获得了以下发现。

（1）在交往沟通能力方面，多数学生具备较强的交往意愿、开放的心态，但交往的范围较小（从学生、教师和家长访谈中获得的信息也证实了这一点，例如教师反映虽然多数学生之间可以和睦相处，但学生关系较为密切的同学多限于两三个人），交往心理不够成熟；半数以上的学生具备较好的说明能力，约三成学生具备较强的表达和说服能力。除交往意愿外，学生的交往沟通能力总体数据比较均衡，没有什么特别突出的。此外，学生的沟通能力尚待提升。特别是在语言交流沟通方面，有超过2/3的学生没有对自己的表达能力做出肯定回答，分别有67.5%和65.3%的学生对自己的表达能力和说服能力做出了不确定和否定的回答。在访谈中我们观察到，城市的学生和担任班干部的学生有比较强的表达意愿和表达能力，但其他学生则很难就一个问题流畅地表达自己的想法，甚至有的学生是问三句答一句，说话时低着头。另外，学生和家长反映，交往的意愿和交往沟通能力的高低主要取决于个人的性格，和学校教育、家庭教育没有什么关系。

（2）在参与合作能力方面，问卷调查结果反映出多数学生具备较强的人际关系适应能力，有积极参与集体活动的意向，具备比较好的分工合作能力，在对同伴的支持力方面表现尤为突出。访谈中有学生反映，自己挺喜欢小组活动的，一个人学习很闷，大家交流起来挺有意思。而且提到自己特别喜欢综合实践活动课和学校组织的外出活动，认为不光能够开阔眼界，还加强了同学之间的亲近感。但就承担责任而言，调查显示只有少部分学生具备一定的承担责任意识，多数学生在活动中表现出的主体意识、自信心和责任意识还不够。访谈中我们了解到，这主要是因为多数学生认为只有班干部才要负责，在学校有老师，在家有家长，不需要自己负什么责。

（3）在领导组织能力方面，学生在领导组织能力倾向上没有特别突出的表现，部分学生具备一定的把握目标和规划能力。访谈中有的老师和班干部反映，开班会时老师会和同学一起商量，大方向老师定，具体细节学生自己想。老师认为学生的能力不足，学生则反映没有什么机会。多数学生在协调和解决冲突能力方面表现尚可；具备一定的观察、识人能力和自信力以及一定的反思意识的学生达到了半数，但学生的组织号召力、调节/应变能力一般。访谈中，一些担任班干部的学生也表示，自己在处理和解决同学之间的问题或是与别人沟通时常常感到力不从心、缺少办法，同学不听自己的话时很苦恼。

3. 通过考查学生在具体情境中的沟通与合作能力，我们获得了以下发现：

（1）近2/3的学生怯于单独与老师沟通；

（2）心理的成熟度和开放度直接影响学生与人的交往；

（3）学生解决意见不一的主要方式是说服；

（4）学生在参与活动中承担最多的是参谋、出谋划策的角色；

（5）学生在分工合作中最重视的是人际和谐，缺乏合作愿望的人为数极少；

（6）多数学生具备一定的计划能力、主动性和组织协调能力；

（7）大多数（超过80%）的学生在特殊情况下能选择恰当的处理方式，具备组织领导意识和民主意识。

4. 通过差异检验和相关检验我们发现：性别、父母最高学历、城乡等因素都影响了学生的沟通与合作能力。主要表现是：女生的沟通能力高于男生；父母最高学历越高，学生的沟通能力越强；城市学生的沟通能力强于农村学生。此外，女生的沟通与合作能力与家庭经济状况、个人的学习成绩呈正相关，但不显著。

在此有两点需要说明。

第一，本调查采用的是问卷和访谈相结合的方式，没有对实践活动过程的现场观察，而且问卷以程度选择题为主，故调查结果主要是根据学生自述得出，反映的不是学生在真实情境中的行为表现，而只是其在某个节点上的状态或倾向。因此，本章的分析也仅限于对数据所反映的学生能力水平的说明，对学生能力水平的解释力有限，难以做更为深入的分析。

第二，对本维度测试题目的效度分析显示，其结构效度不够理想，这或许是因为测试方式和测试题目的构成不尽合理。但由于结构效度理论自身发展还未完全成熟，尚存在明显的局限性，特别是当测试结果不能验证原来的构想时，我们不能确定是构想有错误，还是测试本身缺乏内容效度，抑或实验设计有问题。故上述结论仅为初步认识，有待进一步验证。

五、提升学生沟通与合作能力的对策与建议

（一）建立保障机制，为学校开展实践活动创造空间

根据问卷调查结果与分析以及从学生、家长和教师访谈中了解到的情况，我们认为，总体上学生都有着强烈的与人沟通交往的意愿，但学生生活圈子比较狭小，多数为家—学校，两点一线。在对北京郊区中学生的访谈中我们了解到，他们中大部分的人都没有离开过本县，所以他们对在综合实践活动、"社会大课堂"一类活动中能够走出本县感到十分快乐。很多学生喜欢参加这类活动的理由除了可以拓宽眼界以外，最重要的就是可以接触更多的人，可以有机会和更多的人交流。这说明这样的学习活动对于扩大学生人际交往范围、提升交往合作能力是有益的。但令人遗憾的是，学校老师和家长都反映，由于升学考试等学业压力以及学校安全问题的困扰，目前学校很难按照国家要求开展实践活动，学校每学期最多也只能开展一次"社会大课堂"活动，这种情况难以满足学生发展的需求。老师们还直言：我们每个人都在教师职业行为和作为教师的良心之间纠结。虽然学校完全可以在开展丰富的学习活动方面有更大的作为，但在现有体制下，无论是对学生的评价还是对教师的考核，都使得学校教育束手束脚。因此，通过建立有效机制和保障制度为学校开展活动提供空间，对于培养学生的实践能力来说是最为关键的。

（二）建立和谐的师生关系

问卷调查结果反映出师生关系处于一种紧张、微妙的状态。多数学生畏惧单独面对老师，而我们在农村中学访谈时也看到了学生害怕老师的表现。一些学生说话时会不时地看看老师，老师在场时说话显得小心谨慎。但老师对此习以为常，而且觉得这是对老师的尊重，甚至有的老师还说有时生气了也有打学生的事情发生。对此家长并不以为然，接受访谈的家长认为，打就打吧，反正老师是为孩子好。这些状况说明有的学校中师生之间尚缺乏民主和谐的关系，有的老师把学生的胆怯和紧张当作了尊重，致使学生在老师面前不敢说真话。这样的师生关系不仅会妨碍教学中的交流，也有碍于学生能力的发展和健全人格的养成。因此，有必要在教师教育和师德培养中加强建立和谐师生关系的教育，同时有必要将和谐的师生关系作为考核教师、评价学校管理的重要内容。

（三）开展有效的合作学习活动

调查结果显示，多数学生具有参加小组合作学习的热情，而且学生之间的人际关系比较融洽。但在活动中仍有一部分学生处于被动和消极状态，缺乏在活动中的角色意识和主动承担的能力，表现出意愿和行动之间的落差。这种情况反映了近年来课堂教学改革中的问题，尽管课程改革倡导改变学生的学习方式，培养学生的主体意识和合作学习的能力，但在实际中改革并不深入，很多学习活动也仅仅流于形式，学生在小组活动中多处于被动参与状态，缺少自主表达的机会，也未掌握参与学习活动和与人协作的技巧。为此，特别需要增强学生学习的有效性，以加强对学生合作能力和责任意识的培养。

（四）建立新型的班级组织管理制度，培养更多学生的领导组织能力

调查结果表明，总体上学生的组织领导能力并不突出，尽管一部分学生表现出一定的组织计划能力和民主意识等潜质，在处理问题上表现出一定的应变能力，但在实际活动中多没有承担领导者的角色，个人的威信和

号召能力尚显不足。这种状况或许和学生自身承担组织职责的机会很少有关，在访谈中我们明显感受到学生干部和未担任班干部的学生之间在语言表达、思考问题的主体性、对人的态度以及心理等方面的不同。有家长也反映，上中学孩子担任班干部后有了很大进步，学习上更自觉了，关心的事也多了。因此，我们建议应尝试建立新的班级管理制度，让更多的学生能够有机会发掘自身的潜质，锤炼解决冲突、应变等组织领导能力，培养自我约束，提升自我修养。

第五章

工具使用能力

一、工具使用能力的理论研究

（一）工具使用能力的文献研究

人类对工具及工具使用能力的思考由来已久。亚里士多德时代就形成了朴素的工具论思想。中国先秦时代，也间有关于工具的议论，如荀子就说过："君子善假于物也。"然而，基于本课题研究的需要，能查阅到的国内外有关"工具使用能力"的研究文献可谓少之又少，只是在某些专业领域的工程及技术层面略有显现。而在教育领域，尚无有价值的研究成果。

究其原因，可能有两个方面：一方面，人类对工具的思考和研究，主要是在思想和哲学的层面进行的，并且更多的是本体论和价值论的思考，而对工具价值论的思考已然成为近现代、后现代思想学术的重大议题；另一方面，工具作为技术范畴，在研究者的理性世界中基本被放置在科学的附庸从属的地位上。

工具的方法性和操作性，因其形而下的特点很少为人们所虑及。而工具的方法性和操作性，乃是工具的"本色当行"，也是我们理解和使用工具的重要维度。尽管工具实在论者试图通过"实践—感觉模型"等认识途径，促进工具论从"观察"向"操作"转移，但由于一方面势单力薄，另一方面仍然存在理论化的倾向，成果不多，而能用于本课题研究的成果更是少见。

当然，具体到本课题研究的目的，以及我国中小学教育教学的实际，由于长期以来的应试教育的影响，使用工具能力的培养基本上不被关注。至于学前教育的手工课程，主要还是局限在"前工艺"的范畴，与社会生活还存在一定的距离。文献的稀少，一方面给本课题中工具使用能力的研究带来了困难，另一方面也凸显出工具使用能力研究的重要性。如何通过本课题的研究，促进学生关注和掌握工具的方法性和操作性，促进学校教育将带有方法性和操作性的工具使用能力、意识和态度培养纳入经常性的教育内容，从而推进素质教育的贯彻落实，是本课题研究的一个重要目标。

（二）工具使用能力的概念界定

"工具使用"指人类借助自身并利用外界物体作为身体功能的延伸，以达到某种特定的目的。

"工具使用能力"是指人类借助自身并利用外界物体进行设计、制作、改进等并完成某种活动或任务的基本能力，是人类社会实践和社会生活能力的重要组成部分。

使用工具，是人之为人的重要标志。使用工具的能力，是人的重要的能力之一。这也是马克思主义经典作家将工具定义为"生产力"的依据所在。

工具使用能力主要表现为处理人与人、人与物、物与物以及与信息之间关系的能力。

加强和培养学生使用工具的能力，是培养学生的工具使用能力和创新能力的重要内容与重要途径。缺乏使用工具的能力，则工具使用能力为假、创新能力为虚，素质教育也就无从落实。

二、工具使用能力框架设计

（一）能力框架设计说明

在大量的理论研究和实践探索的基础上，我们提出了工具使用能力的三个核心要素以及由一级指标和二级指标构成的能力框架（图5-1）。

工具使用能力的三个核心要素分别是：

（1）基本工具使用能力［人类基本生存（如衣食住行）的意识、态度和活动的熟练程度表现］；

（2）专用工具使用能力（人类现代化的生活、学习和工作等的意识、态度和活动的熟练程度表现）；

（3）信息技术工具使用能力（人类信息化的生活、学习和工作等的意识、态度和活动的熟练程度表现）。

（1）人类基本生存（如衣食住行）的意识、态度和活动的熟练程度表现

> 意识，态度；识别，调整，连接，组合，设计，制作，改进，创造，检修，维护……

（2）人类现代化的生活、学习和工作等的意识、态度和活动的熟练程度表现

> 意识，态度；识别，调整，连接，组合，设计，制作，测量，验证，改进，创造，检修，维护……

（3）人类信息化的生活、学习和工作等的意识、态度和活动的熟练程度表现

> 意识，态度；评估，收发，组织，处理，整合，应用，管理，调控……

图5-1　工具使用能力的三个核心要素

（二）工具使用能力框架

工具使用能力框架如表 5 – 1 所示。

表 5 – 1　工具使用能力框架

维　度	一级指标（核心能力）	二级指标（具体表现）
工具使用能力	基本工具使用能力	• 识别，调整 • 连接，组合 • 设计，制作 • 改进，创造 • 检修，维护
	专用工具使用能力	• 辨认，调整 • 连接，组合 • 设计，制作 • 测量，验证 • 改进，创造 • 检修，维护
	信息技术工具使用能力	• 评估，收发 • 组织，处理 • 整合，应用 • 管理，调控

三、测试工具的设计与说明

"中学生实践能力调查问卷"中考查学生工具使用能力的题目主要由两大部分构成。其中第一部分为程度题，在"工具使用能力"维度下，针对"基本工具使用能力"、"专用工具使用能力"和"信息技术工具使用能力"三个指标共设置了25个问题。第二部分为调查题，共设置了2个问题。问题的表述及相应的出题宗旨分别如表 5 – 2 及表 5 – 3 所示。

（一）程度题

表 5 – 2　工具使用能力测评工具（程度题）

一级指标	题　目	出题宗旨
基本工具使用能力	4. 我会利用地图在不熟悉的地方找到方向和路径。	考查日常生活中识别和使用地图的意识和能力
	11. 当没有专用工具时，我总是能够找到别的东西做替代。	考查日常生活中连接、组合等的态度和能力
	53. 我会把拆分包装的小型家具家电组装起来。	考查日常生活中调整、组合、改进的熟练程度
	91. 我能够自己制作小礼物赠给老师或亲友。	考查日常生活中设计、制作和创造的意识和能力
专用工具使用能力	14. 我能熟练操作家中的各种电器。	考查日常生活中辨认、组合和调整的熟练程度
	18. 我能将电视与音响或录像等相关设备连接好。	考查日常生活中辨认、连接和组合的能力
	22. 我会用洗衣机洗衣服。	考查日常生活中调整、连接和检修的能力
	28. 我喜欢通过做实验来验证自己的假设。	考查日常生活中测量、验证的态度和能力
	31. 如遇到电视频道错乱，我能自己把它调整好。	考查日常生活中辨认、调整、检修的态度和能力
	33. 我能迅速掌握一个新购买的电子产品或家用电器的各种功能。	考查日常生活中辨认、验证和调整的熟练程度
	42. 当家具家电出现小故障时，我通常先自己尝试找出原因并修理。	考查日常生活中创造、改进、检修和维护的态度和能力
	49. 我喜欢 DIY（自己动手制作东西）。	考查日常生活中创造、改进的意识、态度和能力
	93. 我能熟练使用照相机。	考查日常生活中设计、制作和组合的熟练程度

一级指标	题　目	出题宗旨
专用工具使用能力	98. 我能熟练使用学校实验室中的实验器具。	考查学校学习中辨认、设计、制作和组合的熟练程度
	99. 我喜欢上实验课。	考查学校学习中验证、设计、制作和创造的意识、态度和能力
信息技术工具使用能力	56. 我能熟练运用 Word 编辑功能。	考查组织、处理和应用的熟练程度
	63. 我会制作 PPT。	考查处理、整合、应用的能力
	67. 我能在大量信息中找出对自己有用的信息。	考查评估、整合、管理的意识和能力
	71. 我擅长给电脑中的图片、文档、软件等按需归类。	考查组织、处理、整合和管理的意识和能力
	74. 电脑出现故障我总是努力自己解决。	考查组织、处理和应用的态度和能力
	78. 我会有意识地辨别网络信息的真实可靠性。	考查评估、应用、管理和调控的意识和能力
	81. 我会下载、安装常用的软件。	考查评估、处理和应用的态度和能力
	83. 我能通过网络查找需要的信息资料。	考查日常生活中评估、处理和整合的能力
	85. 我会收发电子邮件。	考查收发、组织和应用的能力
	86. 我会通过博客、微博、论坛等网络平台发布信息。	考查评估、整合、管理和调控的能力

（二）调查题

表 5-3　工具使用能力测评工具（调查题）

题　目	出题宗旨
19.（1）你们学校有电脑吗？ 　　　A. 有　B. 没有 　（2）如果有，你们能在学校使用电脑上网吗？ 　　　A. 能　B. 不能	（1）考查学校学习中使用信息技术工具的基本条件 （2）考查学校学习中使用信息技术工具的基本条件、意识和能力
20.（1）你家中有电脑吗？ 　　　A. 有　B. 没有 　（2）（有电脑的同学回答）如果有，在家中能上网吗？ 　　　A. 能　B. 不能 　（3）（能上网的同学回答）如果能上网，以下哪种情况与你的情况相符？ 　　　本想上网查找学习资料，却常常因玩网络游戏或浏览无关网页而耗费了很长时间。 　　　A. 总是　B. 经常是　C. 有时　D. 偶尔　E. 从来没有	（1）考查家庭生活、学习中使用信息技术工具的基本条件 （2）考查家庭生活、学习中使用信息技术工具的基本条件、意识和能力

四、研究结果与讨论

（一）工具使用能力的总体状况

在对问卷结果进行统计分析时，我们采用 5 分制计分，以 5 分为上限。学生工具使用能力的最低得分为 1.28 分，最高得分为 5.00 分，平均得分为 3.6702 分。这表明学生使用工具能力总体上较强（表 5-4）。

表 5-4　学生工具使用能力的总体状况

	人　数	最小值	最大值	均　值	标准差
工具使用能力	1717	1.28	5.00	3.6702	0.68085

（二）工具使用能力各维度的状况

在表 5-5 中，得分越高表示能力越强，因此学生的信息技术工具使用能力相对最强，基本工具使用能力相对最弱。

表 5-5　工具使用能力各维度得分

	人　数	最小值	最大值	均　值	标准差
基本工具使用能力	1713	1.00	5.00	3.2918	0.81456
专用工具使用能力	1713	1.18	5.00	3.7031	0.71075
信息技术工具使用能力	1717	1.20	5.00	3.7866	0.83101

我们结合图表（表 5-5 及图 5-2 至图 5-4）得出以下初步结论。

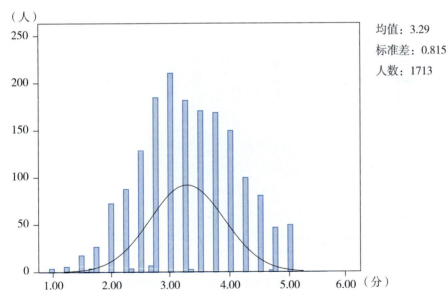

图 5-2　基本工具使用能力得分分布

（人）

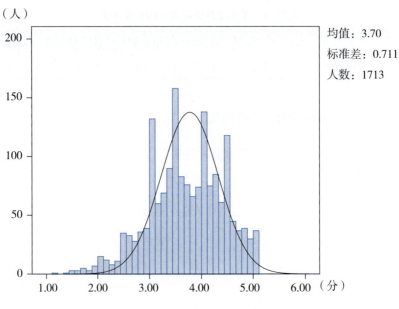

均值：3.70

标准差：0.711

人数：1713

图 5 – 3　专用工具使用能力得分分布

（人）

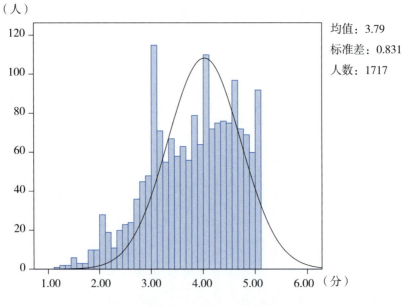

均值：3.79

标准差：0.831

人数：1717

图 5 – 4　信息技术工具使用能力得分分布

- 基本工具使用能力最低分为 1.00 分，最高分为 5.00 分，平均得分为 3.2918 分，标准差为 0.81456。

- 专用工具使用能力最低分为 1.18 分，最高分为 5.00 分，平均得分为 3.7031 分，标准差为 0.71075。
- 信息技术工具使用能力最低分为 1.20 分，最高分为 5.00 分，平均得分为 3.7866 分，标准差为 0.83101。

由此可见，学生信息技术工具使用能力最强，专用工具使用能力次之，基本工具使用能力最差。

（三）工具使用能力的差异分析

1. 性别

结果表明，男女生在工具使用能力上有显著差异，且男生的工具使用能力显著高于女生（表 5 - 6 和表 5 - 7）。

表 5 - 6　男女学生工具使用能力得分分布

	人　数	均　值	标准差	标准误	95% 置信区间		最小值	最大值
					下限	上限		
男	785	3.7468	0.68875	0.02458	3.6986	3.7951	1.28	5.00
女	824	3.5982	0.66215	0.02307	3.5530	3.6435	1.48	5.00
合计	1609	3.6707	0.67912	0.01693	3.6375	3.7039	1.28	5.00

表 5 - 7　工具使用能力性别差异分析

	平方和	自由度	均方和	F 值	显著性
组间	8.878	1	8.878	19.470	0.000
组内	732.747	1607	0.456	—	—
合计	741.625	1608	—	—	—

2. 父母最高学历

结果表明，父母最高学历为大专或本科的学生与父母最高学历为研究生及以上的学生，在工具使用能力上差异不显著，其他两两差异均显著（表 5 - 8 和表 5 - 9）。

表 5 – 8　不同父母最高学历的学生工具使用能力得分分布

	人　数	均　值	标准差	标准误	95% 置信区间		最小值	最大值
					下限	上限		
初中及以下	483	3.4028	0.68821	0.03131	3.3413	3.4644	1.48	4.96
高中（或中专、中师、中技）	605	3.6573	0.64608	0.02627	3.6057	3.7089	1.71	5.00
大专或本科	521	3.8811	0.62189	0.02725	3.8276	3.9346	1.28	5.00
研究生及以上	87	3.9876	0.63256	0.06782	3.8527	4.1224	1.84	5.00
合计	1696	3.6705	0.67945	0.01650	3.6382	3.7029	1.28	5.00

表 5 – 9　不同父母最高学历的学生工具使用能力差异分析

	平方和	自由度	均方和	*F* 值	显著性
组间	66.570	3	22.190	52.443	0.000
组内	715.931	1692	0.423	—	—
合计	782.501	1695	—	—	—

3. 地区

结果表明，城市学生和农村学生在工具使用能力上有显著差异，城市学生工具使用能力得分总体上显著高于农村学生（表 5 – 10 和表 5 – 11）。

表 5 – 10　城乡学生工具使用能力得分分布

	人　数	均　值	标准差	标准误	95% 置信区间		最小值	最大值
					下限	上限		
城市	817	3.8186	0.65349	0.02286	3.7737	3.8635	1.56	5.00
农村	897	3.5386	0.67544	0.02255	3.4943	3.5828	1.28	5.00
合计	1714	3.6720	0.67943	0.01641	3.6399	3.7042	1.28	5.00

表 5 - 11　城乡学生工具使用能力差异分析

	平方和	自由度	均方和	F 值	显著性
组间	33.526	1	33.526	75.797	0.000
组内	757.238	1712	0.442	—	—
合计	790.764	1713	—	—	—

4. 家庭经济状况

结果表明，家庭经济状况越好，学生工具使用能力得分越高（表 5 - 12）。

表 5 - 12　工具使用能力与家庭经济状况的相关性

		家庭经济状况	工具使用能力
家庭经济状况	皮尔逊相关系数	1	0.202 **
	显著性	—	0.000
	人数	1738	1715

5. 学习成绩

结果表明，学生在班级中的学习成绩越好，其工具使用能力得分越高（表 5 - 13）。

表 5 - 13　工具使用能力与学习成绩的相关性

		在班级中的学习成绩	工具使用能力
在班级中的学习成绩	皮尔逊相关系数	1	0.144 **
	显著性	—	0.000
	人数	1735	1712

（四）信息技术工具使用能力影响因素分析

信息技术工具使用能力是学生在现代信息化社会中生存和发展所需的一项重要能力。前面对学生工具使用能力各维度状况的分析显示：信息技术工具使用能力最低分为 1.20 分，最高分为 5.00 分，平均得分为 3.7866

分；在工具使用能力的三个维度中，学生的信息技术工具使用能力最强，专用工具使用能力次之，基本工具使用能力最差。

为进一步了解学生信息技术工具使用能力，我们对学生调查问卷第三部分（调查题部分）有关信息、技术工具使用能力问题的回答情况进行了分析。

在学生调查问卷第三部分，在第19题第（1）个小问题"你们学校有电脑吗？"上选"有"的人数比例达到95.0%，而选"没有"的人只占5.0%（表5-14）。事实上，信息技术工具使用能力还包括对网络等多种工具的使用能力。在第（2）个小问题"如果有，你们能在学校使用电脑上网吗？"上选"能"的人数比例达到61.9%，而选"不能"的人数比例达到38.1%（表5-15）。

表5-14　学校信息技术工具情况

19.（1）你们学校有电脑吗？					
		人　数	百分比	有效百分比	累积百分比
有效	有	1621	93.1	95.0	95.0
	没有	86	4.9	5.0	100.0
	合计	1707	98.0	100.0	—
缺失	系统缺失	35	2.0	—	—
合计		1742	100.0	—	—

表5-15　学校信息技术工具使用情况

（2）如果有，你们能在学校使用电脑上网吗？					
		人　数	百分比	有效百分比	累积百分比
有效	能	974	60.1	61.9	61.9
	不能	599	37.0	38.1	100.0
	合计	1573	97.0	100.0	—
缺失	系统缺失	48	3.0	—	—
合计		1621	100.0	—	—

表 5-16 至表 5-18 显示，在学生调查问卷第三部分，对于第 20 题第（1）个小问题"你家中有电脑吗？"，学生中选择"有"的人数比例达到 83.5%，而选择"没有"的人只占 16.5%。然而，对于第（2）个小问题"如果有，在家中能上网吗？"，学生中选择"能"的人数比例达到 89.3%，而选择"不能"的人已占 10.7%。而当继续追问在家上网的情况时，我们发现了一些新的问题。例如，对于第（3）个小问题"如果能上网，以下哪种情况与你的情况相符？本想上网查找学习资料，却常常因玩网络游戏或浏览无关网页而耗费了很长时间"，选择"总是"、"经常是"的人数比例合计为 19.1%，选择"偶尔"的人数比例为 36.6%，选择"从来没有"的人数比例为 15.8%。由此看来，学生信息技术工具使用能力和使用效率并不高。

表 5-16　家庭信息技术工具情况

20.（1）你家中有电脑吗？					
		人　数	百分比	有效百分比	累积百分比
有效	有	1421	81.6	83.5	83.5
	没有	280	16.1	16.5	100.0
	合计	1701	97.6	100.0	—
缺失	系统缺失	41	2.4	—	—
合计		1742	100.0	—	—

表 5-17　家庭信息技术工具使用情况（一）

（2）（有电脑的同学回答）如果有，在家中能上网吗？					
		人　数	百分比	有效百分比	累积百分比
有效	能	1241	87.3	89.3	89.3
	不能	149	10.5	10.7	100.0
	合计	1390	97.8	100.0	—
缺失	系统缺失	31	2.2	—	—
合计		1421	100.0	—	—

表 5 – 18　家庭信息技术工具使用情况（二）

		人 数	百分比	有效百分比	累积百分比
	总是	85	6.8	7.0	7.0
	经常是	147	11.8	12.1	19.1
有效	有时	344	27.7	28.4	47.5
	偶尔	444	35.8	36.6	84.2
	从来没有	192	15.5	15.8	100.0
	合计	1212	97.7	100.0	—
缺失	系统缺失	29	2.3	—	—
合计		1241	100.0	—	—

（3）（能上网的同学回答）如果能上网，以下哪种情况与你的情况相符？
本想上网查找学习资料，却常常因玩网络游戏或浏览无关网页而耗费了很长时间。

五、提升学生工具使用能力的对策与建议

国内外研究表明，工具使用能力的培养起步于基础教育。因此，在基础教育中培养学生的工具使用能力，需要从以下几个方面入手：完善和制定有关政策，完善课程设置和实施，转变教学方式和学习方式，提高学生信息技术工具使用能力和使用效率。只有这样，才能促进学生工具使用能力的整体提升。

（一）完善和制定有关政策

完善各项政策，从根源上解决女生的工具使用能力如何提高的问题。从根本上解决教育公平、均衡的问题，努力缩小甚至消除父母学历、城乡区域、家庭经济状况等外在因素造成的学生工具使用能力的差异。

1. 强调以人为本，面向全体学生

在基础教育阶段，要坚持"以人为本"，尊重学生、关爱学生、服务学生，发现和培养每一位学生的兴趣、爱好、特长、好奇心和求知欲，塑

造学生大爱、和谐的心灵。教师和家长要尊重学生差异，鼓励发展特长。通过改革教学方法等提高学生自我效能感。以多元智能理论为指导，帮助教师形成积极乐观的"学生观"，重构"智力观"，树立新的"教育观"和"评价观"：积极寻找和发现学生身上的闪光点，发现并发展学生的潜能，关注学生个体间发展的差异性和个体内发展的不均衡性，为每一位学生设计因材施教的方法，配合其智力组合的特点，促进其优势才能的展示和发展，实现个人价值；帮助学生发现和建立其智力优势领域和弱势领域之间的联系，以此为切入点，引导学生有意识地将其从事优势领域活动时所表现出来的智力特点和意志品质迁移到弱势领域中去；倡导评价内容丰富、评价主体多元、评价方式多样，以促进学生的全面发展。

2. 坚持能力为重，强化实践第一

树立全面的人才观，要彻底转变"重学历教育，轻技术教育；重学历文凭，轻基本技能"的传统观念。在 1999 年 4 月召开的联合国教科文组织第二届国际技术与职业教育大会上，许多代表认为创业、与人交往、合作共事、自我调节、分析解决问题等能力以及创造性与责任感等能力是 21 世纪人才的"核心素养"。结合我国国情，建议在基础教育阶段重点培养和提高学生的工具使用能力、创造力等。正如《教育规划纲要》中强调的："教育学生学会知识技能，学会动手动脑，学会生存生活，学会做人做事，促进学生主动适应社会，开创美好未来。"

（二）完善课程设置和实施

2001 年以来，新一轮课程改革的亮点之一是从小学三年级开始开设以学生的经验与生活为核心的实践性课程——综合实践活动课程，包括研究性学习、社区服务与社会实践、信息技术教育、劳动与技术教育。综合实践活动课程具有实践取向，即课程的开发与实施要着眼于学生实践意识的养成，强调学生的动手操作和亲身体验，培养和发展学生工具使用能力和创新能力，超越"坐而论道"、忽视技术文化和操作能力的教育传统。另一亮点是从小学三年级起开设科学课程，培养学生科学素质，强调"做中学"，以科学探究为主要学习方式，培养学生动手、实验、创造能力。但

在课程改革实施过程中，许多地方对这两门课程重视不够，投入资源不足，师资力量薄弱。因此，在基础教育中，不断创造条件，进一步完善和深化综合实践活动课程和科学课程，引导学生增强探究和创新意识，学习科学方法，主动地获取知识、应用知识、解决问题，发展综合运用知识的能力，关注科学技术的发展，增加社会责任感，对于培养创新型、实用型、复合型人才将具有重要而深远的意义。

（三）转变教学方式和学习方式

在基础教育中，一些传统的教学方式和学习方式阻碍了学生的成长和发展，影响到学生工具使用能力的培养。因此，要彻底转变教学方式和学习方式：强调教学是教与学的互动、交往，师生双方相互交流、沟通、启发、补充的过程，师生应分享彼此的思考、经验和知识，交流彼此的情感、体验和观念，丰富教学内容，求得新的发现，从而达到共识、共享、共进，实现教学相长和共同发展；倡导采用多种教学方式，根据教学内容采用互动式、探究式、建构式、授受式等。转变学习方式提倡以弘扬人的主体性、能动性、独立性为宗旨的自主学习，强调发现学习、探究学习、研究性学习等，以培养创新精神和工具使用能力为主要目的，也就是要构建旨在培养创新精神和工具使用能力的学习方式及相应的教学方式，其实质上是教育价值观、人才观和培养模式的变革。

（四）提高学生信息技术工具使用能力和使用效率

人类已经进入信息化社会，信息技术工具使用能力是学生在现代信息化社会中生存和发展所需的一项重要能力。本次调查发现，学生信息技术工具使用能力和使用效率并不很高。这就需要政府为学校信息技术工具使用提供各项保障；作为学校，要为学生提高信息技术工具使用能力提供多种途径；作为教师，要为学生信息技术工具使用能力和使用效率的全面提高实施有效的教学。只有这样，才能促进学生使用工具能力的整体提升。

对策与建议

本章的"对策与建议"主要是针对学校（教育）而言的。在提出对策与建议之前需要申言：图 6 - 1 所示学生对实践能力的自我评价，比例固然"客观"，但未必能准确转化为定性分析。

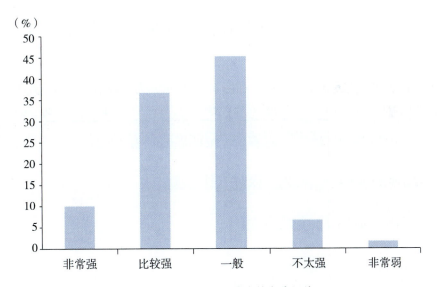

图 6 - 1　中学生实践能力的自我评价

本次调查发现，学生对实践能力的自我评价总体情况尚可。大多数学生认为自己的实践能力一般，但认为自己的实践能力非常强或比较强的占

46.6%，接近半数，远远多于认为非常弱或不太强的人数。这似乎可以得出学生的实践能力尚可的结论。尽管我们相信由调查数据得出的分布比例图（图6-1）应该是没有太大问题的，但是对应上"非常强"、"比较强"、"一般"、"不太强"和"非常弱"的质性判断，仍然需要格外谨慎。第一，自陈式量表可能是有局限的，尤其对实践能力这样的具有价值判断倾向的测量对象来说，学生回答时在多大程度受到"价值顺应"的暗示和影响，对此我们不得而知。第二，本测量没有先例可循，无法形成常模参照；本研究可引鉴参考的实例及结论也很少，以致本测量缺乏用以参照的有效性的外在标准，也就是说难以得到效标效度的验证。这样，即便得到"客观的""刻度"，但这个"刻度"高还是低、代表什么，这些都尚不能确定，也就很难引出具体的结论。我们这样说，是要告诫我们自己，通过图6-1的"客观的"分布曲线得出中国学生的实践能力尚可的结论似乎是率尔而为。只有这样，我们才更有理由对学校（教育）"有话可说"。

一、需要反思学校（教育）对学生实践能力的影响

在实践能力的影响因素上，如图6-2所示，大多数学生认为实践能力

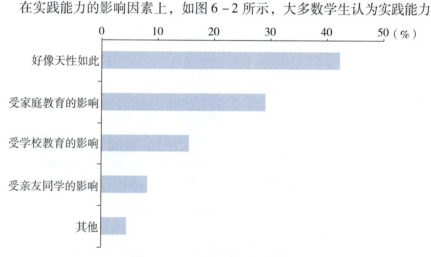

图6-2　实践能力的影响因素

是天生的，也就是由遗传因素决定的；近30%的学生认为是受家庭教育的影响，只有15.7%的学生认为是受学校教育的影响。的确，遗传因素影响人的发展，但遗传不决定人的发展，人的发展水平、发展方向取决于环境和教育。在学生眼中，学校教育对实践能力的影响力如此之弱，这是值得注意的。在访谈中，有老师和学生甚至认为学校（教育）抑制了学生实践能力的发展。这可以从学生在问题解决能力这一维度上得分最少得到佐证。

从四个维度看学生的实践能力，按照各维度得分从低到高排列，依次是问题解决能力、沟通与合作能力、自我管理能力和工具使用能力，其中，学生的问题解决能力最弱（图6－3）。

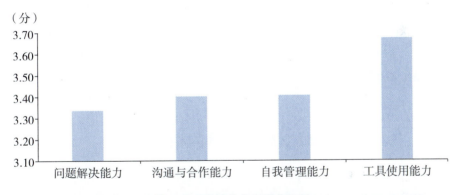

图6－3 实践能力各维度状况

由经济合作与发展组织（OECD）主持的国际学生评价项目（PISA），基于未来社会的要求，超越学科的界限，于2003年新增设了问题解决能力的测试项目，以评估学生综合解决现实生活问题的水平。PISA对学生问题解决能力的内涵界定主要包括以下内容：（1）识别交叉学科问题；（2）识别相关学科的信息和条件；（3）提出可能的解决方法和方案；（4）选择解决方案的策略；（5）问题解决；（6）检查或反思问题；（7）交流解决结果。在PISA对问题解决的定义中，任务必须采用特定情境或特定领域的知识和策略。本调查中问题解决能力部分的调查工具尽管采用了选择题的方式，但也基本上考虑到PISA所关注的要素，并予以了结构性表达。需要指出的是，在四个维度中，问题解决能力与课程（学科）内容及学习关系最为紧密，乃至于在维度设置的初期，我们拟将其命名为"运用知识解决问题的能力"。与学校（教育）关系更为紧密的问题解决能力反而最弱，这是值得重视的问题。调查还显示，寄宿学生的实践能力普遍差于走读的学生，这就几乎是学校（教育）与学生实践能力呈负相关的一则例证了。这岂不发人深思？

调查显示，学生学习成绩和家长学历水平与学生实践能力是正相关的关系。调查也显示，学生实践能力与综合实践活动是显著相关关系，然而超过半数的学生回答学校没有开设综合实践活动课程。此外，大多数教师在议及教学时间空间、考试与升学率的绩效评价时，对学生实践能力的培养普遍存在着"无可奈何"的焦虑感……这些无不说明应试教育的压力制约着学校（教育）对学生实践能力发挥应有的重要影响。学校（教育）必须坚持"育人为本"，全面实施素质教育，加强对学生实践能力的影响力，促进学生全面发展。

二、确立能力培养的相关机制

随着全球经济的发展，国际竞争日趋激烈。能力的发展成为人才培养的焦点。《教育规划纲要》将"坚持能力为重"确立为教育改革发展的战略主题之一，这是新中国成立以来首次将能力培养提到如此高度，也是落实素质教育的重要内容。本次调查研究发现，一些教育部门、学校、教师等并没有从战略高度重视中小学生实践能力培养，也没有意识到能力培养的迫切性和重要性，只停留在做表面文章上。因此，建议彻底转变"重学历教育，轻技术教育；重学历文凭，轻基本技能"的传统观念，从上到下，确立能力培养的战略地位，并真正落实在行动上，树立全面发展的人才观，切实加强对学生的能力培养，将《教育规划纲要》落到实处，即"教育学生学会知识技能，学会动手动脑，学会生存生活，学会做人做事，促进学生主动适应社会，开创美好未来"，在激烈的国际竞争中立于不败之地。

同时，要建立健全有效机制和保障制度。如：建立安全机制，防范各类安全（如交通、人身安全）问题，解决家长的后顾之忧，为学校开展丰富多彩的活动提供更广阔的空间，为培养学生的实践能力创造安全、健康、和谐的环境；建立新型的班级组织管理制度，让更多的学生能够有机会发掘自身的潜质，锤炼解决冲突、应变等组织领导能力，培养自我约束的意识，提升自我修养，培养更多学生的领导组织能力；建立完善师生沟通交流机制，加强教师教育、师德培养和有关实践能力的专业培训，形成和谐的师生关系，促进学生能力的发展和健全人格的养成。

三、加大生活类、实践类、综合类课程在三级课程管理中的建设力度

本次调查中，当问及学校里的哪些活动或课程促进了学生实践能力的发展时，学生的回答如下（图6-4）。

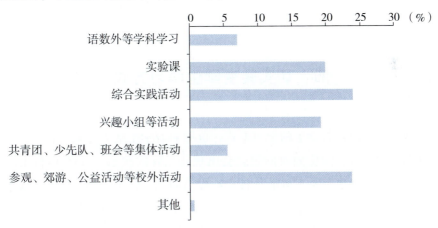

图6-4 各类课程与活动对学生实践能力的影响

学生认为综合实践活动和参观、郊游、公益活动等校外活动最能高自己的实践能力，选择的比例分别为23.9%和23.8%。而事实上参观、郊

游、公益活动等校外活动已经被纳入学校的综合实践活动中，或者说学校的综合实践活动也经常会让学生外出参观、考察、参与社区服务和社会实践等活动，因此，两者可以合并为一项，共占47.7%，是学校培养学生实践能力的主要途径。卡方检验结果也表明，参加过研究性学习或综合实践活动的学生在实践能力上显著高于没有参加过的学生。但是，当进一步了解学校的综合实践活动课程时，只有近半数的学生回答学校开设了综合实践活动。

课程结构决定着学生的认知和能力结构。从国家课程层面而言，必须开齐（门类）、开足（课时）现有综合实践类课程，并注重跨学科整合；从地方和校本课程层面而言，要充分利用地方和校本课程管理优势，开展着重培养学生实践能力的课程建设，为学生提供丰富多样、特色鲜明的课程，课程类型可以是实操、探究、活动、实验、实习、考察等，为学生问题解决能力、沟通与合作能力、自我管理能力和工具使用能力等实践能力的掌握和提高提供保障。同时，必须采取有效措施监管到位，落到实处，及时查处挤占、忽视这类课程开设和实施的学校和地方教育部门，对在课程建设方面有特色、有成效的学校和地区予以表彰，推广分享其成功经验。

四、切实转变学生学习方式

教学方式决定着学生的学习方式，也影响着学生能力的培养。经历什么样的教学过程，学生面对问题就会出现什么样的状态，习惯于灌输式、注入式教学的学生，是不可能具备主动提出问题、解决问题、评价与反思等能力的，身处题海战术、死记硬背之中的学生，是不可能具备调控解决问题过程、灵活运用方法和策略等能力的。调查结果显示，多数学生具有参加小组合作学习的热情，而且学生之间的人际关系比较融洽。但在活动中仍有一部分学生处于被动和消极状态，缺乏在活动中的角色意识和主动承担的能力及协作的技巧，表现出意愿和行动之间的落差。因此，必须大力倡导采用多种教学方式，根据教学内容采用互动式、探究式、建构式、授受式等。转变学习方式提倡以弘扬人的主体性、能动性、独立性为宗旨的自主学习，强调发现学习、探究学习、研究性学习、小组合作学习、做中学，等等，尤其是通过理、化、生（科学）等学科，为学生提供更多提出假设、动手操作、实验实践的机会。树立"大课堂"理念，鼓励学生走出去，体现"无处不课堂"。让学生充分经历发现和提出问题、解决问题、评价反思的过程，培养学生的主体意识、参与意识、责任意识和合作学习的能力，选题尽可能联系实际，注重问题研究情境的真实性、丰富性、可探究性。

五、确立"能力发展"的导向

研究发现，一些学校、家长甚至学生形成了"应试第一"的思想，以中考为指挥棒，只关心与考试有关的学习内容和课程，认为参与一些实践活动是在浪费时间。因此，迫切需要改革现有考试评价制度，增加学生实践能力在评价中的权重，实现评价内容丰富、评价主体多元、评价方式多样，促进学生全面发展；关注学生就业、生存能力和终身发展，以培养实践能力和创新精神为主要目的，构建并实现新型教育价值观、人才观和培养模式，努力培养创新型、实用型、复合型人才。

同时，建议坚持"以人为本"，尊重学生、关爱学生、服务学生，发现和培养每一位学生的兴趣、爱好、特长、好奇心和求知欲，塑造学生大爱、和谐的心灵。教师和家长要尊重学生差异，鼓励发展特长。通过综合改革提高学生自我效能感。以多元智能理论为指导，帮助教师形成积极乐观的"学生观"，重构"智力观"，树立新的"教育观"和"评价观"：积极寻找和发现学生身上的闪光点，发现并发展学生的潜能，关注学生个体间发展的差异性和个体内发展的不均衡性，为每一位学生设计因材施教的方法，配合其智力组合的特点，促进其优势才能的展示和发展，实现个人价值；帮助学生发现和建立其智力优势领域和弱势领域之间的联系，以此为切入点，引导学生有意识地将其从事优势领域活动时所表现出来的智力特点和意志品质迁移到弱势领域中去，这是培养学生实践能力的有效之举。

目前，最实际、最有效、最直接的方法是加大中考和高考的改革力度，切实发挥综合素质评价在中考和高考中的实际作用。综合素质评价在中考和高考中普遍存在"软挂钩"、"假挂钩"现象，这是应试教育的直接反映。其中，首先要强调高考改革。教育部召开的1998年中考语文考试改革试点工作总结会议就提出"如何正视高考对中考的影响"① 的问题。事实也是这样，在"应试教育"语境中，中考不得不附庸于高考，成为由高考统率的"应试教育"体系中的重要一环。高考改革不到位，综合素质评价要形成整体性、系统性的突破，几乎是不可能的。高校招生制度的改革，不仅对高中阶段而且对义务教育阶段综合素质评价都将会实质性地发挥一以贯通的关键作用。

六、构建家庭、学校、社会三位一体能力培养模式

家庭、学校、社会是影响学生实践能力的主要因素。

家庭是儿童成长的重要环境，是微缩的小社会，家长是儿童的第一任教师。因此，创造和谐的家庭环境，提高家长的素养，在家长的帮助下，让学生从小养成良好的学习和生活习惯，提高他们的自我管理能力，形成开朗、乐观、向上的性格和心理特征，使他们的身心得到健康发展，提升抗挫折能力，将使儿童终身受益。同时，家庭教育与学校教育要协调互动，共同建立学生实践能力培养的家校系统。但本次调查中访谈和实地考察情况显示，一方面，家长与学校对学生实践能力培养普遍重视不够；另一方面，家校直接的联系远没有组织化、机制化。有些学校虽然成立了家长委员会，但是活动很少。家校沟通主要围绕学生的学习状况和学习成绩

---

① 全国中考语文考试改革试点工作总结综述［N］. 中国教育报，1999 – 04 – 27.

展开。由于对安全的顾虑，家长对学校组织相关校外活动的积极性不高；学校本着"无过就是功"的底线原则，对开展校外活动慎之又慎，乃至有学校已经多年没有组织过春游、秋游。学校对开放办学普遍想法不多、做法更少。学校对社会资源的配置力度很弱，校外实践活动很少。公共领域不发达，社会成熟度不高，社会资源对教育的开放和支持的意识不强、能力不足、力度不够。如何动员和鼓励社区、社会机构、厂矿企业、团体、个人在资源和资金上支持学校和学生开展实践活动，是需要破解的重要问题。建议发挥政府的行政引导功能，构建"家庭侧重培养学生的习惯和行为、学校侧重引导学生能力学习和掌握、社会侧重提供实践、应用、创造机会"的三位一体能力培养模式，发挥各自优势，整合各类资源。充分利用学校以外（如社区）现有的公共资源和场馆，如科技馆、图书馆、生物园、自然保护区、专业实验室、中心、工作站（室）、基地等，建立合作互助机制，开展场馆学习，并根据需要和实际，开发更多的资源，创建以能力培养为目标的场所，邀请各行各业人士志愿加入其中，各方共同努力，争取更多经费，搭建现代化设施，利用和扩大社会资源，实现资源共享。

七、关注性别差异，因材施教，　　促进学生身心健康发展

虽然从实践能力整体上看，男女生差异不大，但在个别维度上男女生能力差异显著。分析表明，男生在情绪管理能力上的表现强于女生，而女生管理学习的能力显著强于男生，且管理学习的能力与学习成绩之间存在着非常高的相关性。因此，学校教育要考虑这一因素，无论是从增强学生的自我管理能力角度还是从提高学生情绪管理能力的角度，都应该特别关注不同性别学生的生理、心理发展的独特性和差异，采取更有针对性的策略开展教育教学活动。真正做到关注性别差异以及由此带来的能力差异，因人而异，重视个体，因异施教，在提高全体学生实践能力的同时，确保其身心得到健康发展。

八、改革寄宿制度，促进学生的社会化

图 6-5 显示，住校与否与学生的实践能力呈明显的负相关关系。

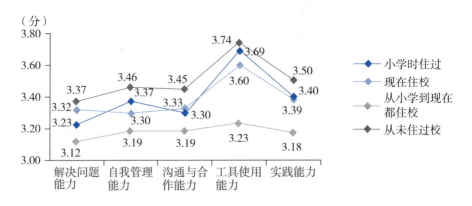

图 6-5　住校与否与实践能力的相关性

这一调查结果与学生认为家庭教育对实践能力的影响大于学校教育的调查结果相印证，是有信效度的。

寄宿制，是学校制度的重要组成部分。这一制度带来的学生实践能力的降低，无疑是必须警惕的。不可讳言，相对于走读来说，寄宿使学生进一步与社会（家庭）隔离，可能给学生实践能力的培养带来不利影响。但是，传统的寄宿管理理念、制度、方法，无疑加剧了学生与社会的割裂。最经济的管理就是一致化的管理。这样的管理，实际上就是控制。类似"不许走窜楼层"、"不许走窜宿舍"的规定以及种种"动辄得咎"的惩处，在学校寄宿管理制度文本中屡见不鲜。虽然从数量上说寄宿让更多的学生聚合在了一起，但是出于方便管理的需要，学生是去个性的，不像走读的学生那样有机会与家长随机互动（包括矛盾）或者自己找三五个朋友，后者无疑更自由、更自主，生活也更丰富。也就是说，两相参照，总体上可以说，寄宿生是单一的，而走读生则是多样的。如何转变观念，变革现行寄宿制的管理方式，无疑是一个重大的教育议题。社会化、人性

化，是新型寄宿制文化的核心。开发选择性强的丰富多彩的活动，引导和支持学生自治组织的建设，培育充满个性和活力的宿舍文化……总之，如何使寄宿生真正感觉到"大家庭"的温馨、"小社会"的氛围，是教育行政部门、学校需要关注的大问题。

九、加快缩小城乡差距，实现均衡发展

此次调查表明，除自我管理能力的得分相近外，城市学生在问题解决能力、沟通与合作能力、工具使用能力上的表现均明显好于农村学生。对此，建议推进新型城镇化建设，缩小城乡差距，推进教育事业的均衡发展。尽快加大对农村教育事业发展的人力、物力、财力上的投入，改善办学条件，加强师资队伍建设，使农村学生享受与城市学生同等质量的教育，实现并推进教育公开，让每一位学生都享受平等的教育资源。

十、加强对实践能力问题研究的力度

到目前为止，我国教育界有关这个领域的研究尚未实质性地展开，有关研究文献少而又少。在理论层面，为数不多的研究或是从哲学和心理学角度分析和阐释实践能力的含义，或是对国外相关研究进行介绍；在实践层面，较多的探索还限于学校开展综合实践活动的计划和经验总结。而企业管理领域和职业技术教育领域对实践能力的探讨则主要围绕其各自的职责和职业技能展开。可见，我国目前总体上缺乏对实践能力相关概念的界定，缺乏对实践能力结构和内涵的梳理，也缺乏相应的测评标准、工具和方式的研究。这种现状和国家对人才培养的需求相去甚远，亟待改善。

另外，通过对此次研制的实践能力测评工具的反思，我们发现用自陈式量表测评实践能力存在一定的局限性，测评量表的结构效度也不够理想。因此，建议在今后的研究中，进一步加强对实践能力问题研究的力

度，探究科学的研究方法，拓宽视野，批判地借鉴一些国家和国际组织在实践能力方面的研究成果和成功案例，加强国际比较研究，并根据我国实际，研制更客观、严谨的能力表现指标体系、评价框架和工具，尝试将表现性评价运用到实践能力的测评中，开展更周密的调研，发现学生真实的能力水平，从理论到实践全方位改进、完善对青少年实践能力的研究，做出特色，填补空白。

中学生实践能力调查问卷

同学：

你好！本调查的目的是了解我国初中学生实践能力的基本状况。本问卷采用匿名的方式，调查的结果不会对你个人或你所在学校带来任何消极影响。你提供的信息对我们的研究非常重要，同时，调查的结果还将为学校教育和家庭教育在培养实践能力方面的相关决策提供重要的信息和依据，请你认真、仔细地阅读并根据你的第一感觉和判断如实做出回答。非常感谢你的支持与合作！

中国教育科学研究院

一、请填写基本信息，或在符合你情况的选项上画"○"。

1. 你所在地区：＿＿＿＿＿＿省（自治区、直辖市）＿＿＿＿＿＿市＿＿＿＿＿＿（区）县＿＿＿＿＿＿镇（乡）

2. 性别：A. 男　　　B. 女

3. 你父亲的最高学历是

A. 初中及以下　B. 高中（或中专、中师、中技）

C. 大专或本科　D. 研究生及以上　E. 其他＿＿＿＿＿＿

4. 你母亲的最高学历是

    A. 初中及以下   B. 高中（或中专、中师、中技）

    C. 大专或本科   D. 研究生及以上   E. 其他_____

5. 你的家庭经济状况是

    A. 很不好   B. 不太好   C. 一般   D. 比较好   E. 很好

6. 你认为你在班级中的学习成绩是

    A. 很不好   B. 不好   C. 一般   D. 比较好   E. 很好

二、请在最符合你实际情况或想法的一个选项上画"〇"。

题　目	选　项				
	很不符合	不太符合	一般	比较符合	很符合
1. 上新课前，我会提前预习将要学习的内容。	A	B	C	D	E
2. 我从未想过要让身边的事情发生改变。	A	B	C	D	E
3. 日常生活中，我通常只和认识的人打交道。	A	B	C	D	E
4. 我会利用地图在不熟悉的地方找到方向和路径。	A	B	C	D	E
5. 新学期开始，我通常会给自己制订学习计划。	A	B	C	D	E
6. 我总能提出大家都感兴趣的问题。	A	B	C	D	E
7. 我和同学们会经常聚在一起，议论一些大家感兴趣的问题。	A	B	C	D	E
8. 如果老师不催，就不急于做作业。	A	B	C	D	E
9. 我能用三言两语就把一个问题说清楚。	A	B	C	D	E
10. 我善于在众人面前表达自己的想法。	A	B	C	D	E
11. 当没有专用工具时，我总是能够找到别的东西替代。	A	B	C	D	E
12. 我做事情的思路总是不如其他同学巧妙。	A	B	C	D	E
13. 我和不熟悉的人打交道时会感到紧张。	A	B	C	D	E
14. 我能熟练操作家中的各种电器。	A	B	C	D	E
15. 我不知道怎样学才能学得好。	A	B	C	D	E
16. 我做事情总是心里没底。	A	B	C	D	E

续表

题　目	选　项				
	很不符合	不太符合	一般	比较符合	很符合
17. 当我和低年级同学说话时，能尽量避免使用他们听不懂的词汇。	A	B	C	D	E
18. 我能将电视与音响或录像等相关设备连接好。	A	B	C	D	E
19. 不管作业是否做完，只要有同学朋友来找，就会先跟他（她）玩。	A	B	C	D	E
20. 遇到没做过的事情我总会无从下手。	A	B	C	D	E
21. 我不喜欢广交朋友。	A	B	C	D	E
22. 我会用洗衣机洗衣服。	A	B	C	D	E
23. 我习惯把一个问题分成几个问题分别解决。	A	B	C	D	E
24. 即使是在非常吵闹的场合，我也能集中注意力看书、学习。	A	B	C	D	E
25. 本想做作业，却常常被其他事情吸引而浪费了很长时间。	A	B	C	D	E
26. 我能借助打比方的方式把问题说清楚。	A	B	C	D	E
27. 当我和别人一起做事有不同想法时，我通常能说服别人。	A	B	C	D	E
28. 我喜欢通过做实验来验证自己的假设。	A	B	C	D	E
29. 我注意学习别人好的学习方法和经验。	A	B	C	D	E
30. 我往往事先就能判断出一件事情能不能做成。	A	B	C	D	E
31. 如遇到电视频道错乱，我能自己把它调整好。	A	B	C	D	E
32. 到一个新环境，我会很快地与周围人熟悉起来。	A	B	C	D	E
33. 我能迅速掌握一个新购买的电子产品或家用电器的各种功能。	A	B	C	D	E
34. 我常常能想出很多办法来做成一件事情。	A	B	C	D	E
35. 当发现自己学习不够专心时，我会想办法来改变。	A	B	C	D	E
36. 如果做作业时遇到困难，我就不想做了。	A	B	C	D	E
37. 我很难事先想好解决问题的步骤。	A	B	C	D	E
38. 有机会参加竞赛时，我会积极争取。	A	B	C	D	E

题　目	选　项				
	很不符合	不太符合	一般	比较符合	很符合
39. 上学需要带的一些东西如练习本、水杯等，一般都是由父母帮我收拾好。	A	B	C	D	E
40. 我只按照事先想好的办法去做事情。	A	B	C	D	E
41. 我喜欢做集体活动的组织者。	A	B	C	D	E
42. 当家具家电出现小故障时，我通常先自己尝试找出原因并修理。	A	B	C	D	E
43. 我能做简单的饭菜。	A	B	C	D	E
44. 我做事情没有明确的目标，做到什么程度就是什么程度。	A	B	C	D	E
45. 我们通常活动时会有明确的分工，每个人在活动中会各负其责。	A	B	C	D	E
46. 我穿的袜子总是我自己洗。	A	B	C	D	E
47. 我知道每个环节和要解决的问题之间的关系。	A	B	C	D	E
48. 如果在"主持会议"与"做会议记录"这两项工作中挑选一样，我宁愿挑选后者。	A	B	C	D	E
49. 我喜欢 DIY（自己动手制作东西）。	A	B	C	D	E
50. 家人说我做事总爱丢三落四。	A	B	C	D	E
51. 遇到问题，只有到了非解决不可的地步我才会尝试去解决它。	A	B	C	D	E
52. 在过去一年，我总是积极参加集体活动或小组活动。	A	B	C	D	E
53. 我会把拆分包装的小型家具家电组装起来。	A	B	C	D	E
54. 遇到问题，我首先会寻求帮助。	A	B	C	D	E
55. 朋友向我寻求帮助时，我能伸出援助之手。	A	B	C	D	E
56. 我能熟练运用 Word 编辑功能。	A	B	C	D	E
57. 假如感冒发烧，我通常知道该吃些什么药。	A	B	C	D	E
58. 我做事情遇到的困难越大热情也越高。	A	B	C	D	E

续表

题　目	选　项				
	很不符合	不太符合	一般	比较符合	很符合
59. 当遇到困难和问题时，我和同学之间会经常交流、密切合作。	A	B	C	D	E
60. 假期在家，我会经常进行体育运动，锻炼身体。	A	B	C	D	E
61. 我对一件事情完成得好与坏的评价常常能得到同学们的赞同。	A	B	C	D	E
62. 集体活动中，我一般不会采取主动，都是等待分配任务。	A	B	C	D	E
63. 我会制作PPT（演示文稿）。	A	B	C	D	E
64. 渴了的话，我宁愿喝饮料也不喝水。	A	B	C	D	E
65. 我每做完一件事情，都会认真回顾自己的做法和过程，以便今后做得更好。	A	B	C	D	E
66. 领导、老师在场时，我讲话特别紧张。	A	B	C	D	E
67. 我能在大量信息中找出对自己有用的信息。	A	B	C	D	E
68. 当在室外遇到雷雨闪电时，我知道如何避险。	A	B	C	D	E
69. 我总是不能讲清自己解决问题的思路。	A	B	C	D	E
70. 讨论发言时，我总是能把握自己的立场和观点。	A	B	C	D	E
71. 我擅长给电脑中的图片、文档、软件等按需归类。	A	B	C	D	E
72. 做完一件事情之后，我总能意识到有一些方法在做另一些事情的时候也用得上。	A	B	C	D	E
73. 尽管有些人与我意见不合，但我仍能与他（她）搞好团结。	A	B	C	D	E
74. 电脑出现故障我总是努力自己解决。	A	B	C	D	E
75. 每当做不出题时，总会感觉自己很笨。	A	B	C	D	E
76. 做完一件事情之后，我常常不清楚其中最关键的环节是什么。	A	B	C	D	E
77. 做事前，我总是会事先仔细考虑，然后再去做。	A	B	C	D	E
78. 我会有意识地辨别网络信息的真实可靠性。	A	B	C	D	E
79. 我经常感到学习压力很大。	A	B	C	D	E
80. 在公共场合讲话，我不敢看听众的眼睛。	A	B	C	D	E

续表

题　目	选　项				
	很不符合	不太符合	一般	比较符合	很符合
81. 我会下载、安装常用的电脑软件。	A	B	C	D	E
82. 一听说要考试，我就会感觉很紧张。	A	B	C	D	E
83. 我能通过网络查找需要的信息资料。	A	B	C	D	E
84. 我经常忍不住向父母发脾气，即使知道那样做是不对的。	A	B	C	D	E
85. 我会收发电子邮件。	A	B	C	D	E
86. 我会通过博客、微博、论坛等网络平台发布信息。	A	B	C	D	E
87. 当朋友吵架时，我能出面调解，让他们和好。	A	B	C	D	E
88. 在朋友眼中，我不是情绪冲动、易发脾气的人。	A	B	C	D	E
89. 即使心情很不好，我也不会把这种情绪轻易表露出来。	A	B	C	D	E
90. 我要是想做什么事，只要一说，总会有一群同学和朋友响应。	A	B	C	D	E
91. 我能够自己制作小礼物赠给老师或亲友。	A	B	C	D	E
92. 我总能发现每个人的特点和长处。	A	B	C	D	E
93. 我能熟练使用照相机。	A	B	C	D	E
94. 我常提醒自己忘记那些不愉快的事情。	A	B	C	D	E
95. 当一件困难的事情做不下去时，我会放弃。	A	B	C	D	E
96. 遇到不开心的事，我总是想着它，不容易解脱出来。	A	B	C	D	E
97. 当一件事情完成后，我总会想想哪点做得好，哪点做得不够好。	A	B	C	D	E
98. 我能熟练使用学校实验室中的实验器具。	A	B	C	D	E
99. 我喜欢上实验课。	A	B	C	D	E
100. 朋友有事耽搁，要晚半小时到我家时，我通常会坐立不安。	A	B	C	D	E

三、请在最符合你实际情况或想法的一个选项上画"〇"，或在选项"其他"后填写内容。

1. 你想去办公室找老师问问题时，通常怎么做？

  A. 自己一个人去　　　　　　　B. 找个和自己关系好的同学一起去

  C. 多找几个人结伴去　　　　　D. 让别的同学替自己去

  E. 不敢去，放弃　　　　　　　F. 其他＿＿＿＿＿＿

2. 请根据你的实际情况，在下面的两个小问题中选择一个回答（只选一题）。

  （1）通常情况下，你和不熟悉的人打交道时会感到紧张，是因为：

    A. 性格比较内向　　　　　　B. 口头表达能力不强

    C. 不喜欢和陌生人打交道　　D. 不好意思

    E. 觉得缺乏安全感　　　　　F. 其他＿＿＿＿＿＿

  （2）通常情况下，你和不熟悉的人打交道时不会感到紧张，是因为：

    A. 觉得很愉快　　　　　　　B. 有挑战性

    C. 喜欢表现自己　　　　　　D. 可以认识更多人

    E. 性格外向　　　　　　　　F. 其他＿＿＿＿＿＿

3. 以往活动中遇到矛盾或意见不一致时，你和同学通常的做法是：

  A. 相互吸纳对方意见的合理性，达成一致

  B. 说服对方按照自己的意见做

  C. 举手表决，少数服从多数　　D. 服从组长或老师的意见

  E. 各持己见　　　　　　　　　F. 其他＿＿＿＿＿＿

4. 在合作学习/活动中，你做的比较多的通常是：

  A. 组织、领导　　　　　　　　B. 参谋、出谋划策

  C. 主动承担具体工作　　　　　D. 等待、服从分配

  E. 能少做，尽量少做　　　　　F. 其他＿＿＿＿＿＿

5. 在自由选择的情况下，外出调查一类的事情你通常是如何做的？

  A. 召集大家分工一起做　　　　B. 找合得来的人一起做

  C. 找能力强的人一起做　　　　D. 找能力不强，但踏实的人一起做

  E. 自己一个人做　　　　　　　F. 其他＿＿＿＿＿＿

6. 你和别人合作时通常会有什么感受？

    A. 愉快   B. 学到东西，得到帮助

    C. 付出更多   D. 烦躁，累

    E. 没感觉   F. 其他_____

7. 你和同学在开展综合实践活动或其他活动前，通常先做哪些准备？

    A. 大家讨论目标商议制订一个活动计划

    B. 广泛浏览信息   C. 按老师的要求去做

    D. 看别人怎么做就怎么做   E. 什么也不做

    F. 其他_____

8. 小组活动中，常有人主动多做，有人基本不做。如果你是小组长，会怎么办？

    A. 说服不主动的人做   B. 让愿意做的人多做

    C. 硬性分配   D. 自己多做

    E. 没办法   F. 其他_____

9. 当你和别人一起做事有不同想法时，你会怎么办？

    A. 尽力说服他人   B. 听从他人建议

    C. 以我为中心，希望别人听自己的

    D. 找其他人来帮自己

    E. 生气，不理他（她）   F. 其他_____

10. 当你负责的活动需要调整时，你是否会召集相关同学解释原因，说明可能产生的结果？

    A. 会，并听取同学的意见   B. 会，征得大家的理解

    C. 会，但只要求大家照我说的去做

    D. 听老师的

    E. 不会   F. 其他_____

11. 当发现某一门课程总是学不好时，你通常是：

    A. 没办法，开始泄气   B. 更加努力学习

    C. 寻求老师或家长的帮助   D. 其他_____

12.（1）如果平常在家，你会主动帮助父母做家务吗？

    A. 经常做   B. 有时做

    C. 很少做   D. 不做

  （2）在（1）题中选 C 或 D 的人请回答，"很少做"或"不做"的原因是什么？

    A. 家长怕耽误学习，不让做

    B. 家长怕自己受累，不让做

    C. 家长嫌自己碍手碍脚，不让做

    D. 自己不愿做

    E. 学习太忙，没时间做   F. 有保姆做

    G. 其他_____

13.（1）对于早餐，你通常是：

    A. 不吃   B. 随便吃几口

    C. 吃饱吃好   D. 其他_____

  （2）在（1）中选 A 的人请回答，"不吃"的原因是什么？

    A. 没有胃口   B. 时间来不及

    C. 家里没准备   D. 上午不会饿

    E. 其他_____

14. 假如因某件事受到老师不公平的对待，受了委屈，你会：

    A. 无所谓   B. 很生气，独自难过

    C. 向他人倾诉并寻求帮助

    D. 想老师也有犯错的时候，找合适的时候与他（她）谈谈

    E. 其他_____

15. 当感觉到学习压力很大时，你一般：

    A. 不知道该怎样做，只好默默忍受

    B. 降低期望值，尽力而为

    C. 找人倾诉缓解压力

    D. 自我鼓励

    E. 参加体育运动或玩玩游戏或听听音乐

F. 其他＿＿＿＿＿＿

16. 当按约定到朋友家玩时，他（她）却因临时有事外出，大概半小时后回来。这时，你会：

    A. 很生气，转身走掉   B. 不停地埋怨

    C. 有些不满   D. 焦躁不安

    E. 不介意，找点别的事情做

    F. 不介意，耐心等待   G. 其他＿＿＿＿＿＿

17. 以下哪一种与你的情况最接近？

    A. 家里有很多事情需要我独立承担

    B. 我在家里会主动替长辈去解决一些问题

    C. 长辈们不让我做家务

    D. 我不喜欢做家务

18. 当在学习和生活中遭遇挫折，心情不好的时候，你通常会（可多选，最多选三项）：

    A. 自己默默忍受   B. 觉得自己很无能或很不幸

    C. 向他人发泄自己的坏心情   D. 借娱乐活动消除烦恼

    E. 自我安慰、自我鼓励   F. 寻求他人的建议或帮助

    G. 其他＿＿＿＿＿＿

19. （1）你们学校有电脑吗？A. 有   B. 没有

    （2）如果有，你们能在学校使用电脑上网吗？A. 能   B. 不能

20. （1）你家中有电脑吗？A. 有   B. 没有

    （2）（有电脑的同学回答）如果有，在家中能上网吗？

        A. 能   B. 不能

    （3）（能上网的同学回答）如果能上网，以下哪种情况与你的情况相符？

本想上网查找学习资料，却常常因玩网络游戏或浏览无关网页而耗费了很长时间。

    A. 总是   B. 经常是

    C. 有时   D. 偶尔

E. 从来没有

21. 你认为学校中的哪些学习或活动比较有利于提高你的实践能力？（可多
    选，最多选三项）

    A. 语数外等学科学习　　　　　B. 实验课

    C. 综合实践活动　　　　　　　D. 兴趣小组等活动

    E. 共青团、少先队、班会等集体活动

    F. 参观、郊游、公益活动等校外活动

    G. 其他_____

22. (1) 你在初中阶段学习过下列哪些课程？（可多选）

    A. 信息技术　　　　　　　B. 劳动与技术

    C. 研究性学习或综合实践活动

    D. 以上都没有

    (2) 如果你参加过研究性学习或综合实践活动，你在其中的表现如何？

    A. 非常好　　　　　　　　B. 比较好

    C. 一般　　　　　　　　　D. 不太好

    E. 很不好

23. 你觉得你的学校在培养学生实践能力方面的效果如何？

    A. 非常有效　　　　　　　B. 比较有效

    C. 一般　　　　　　　　　D. 不太有效

    E. 没有效果

24. 你觉得你的家庭重视对你实践能力的培养吗？

    A. 很重视　　　　　　　　B. 不重视

25. (1) 你觉得自己的实践能力如何？

    A. 非常强　　　　　　　　B. 比较强

    C. 一般　　　　　　　　　D. 不太强

    E. 非常弱

    (2) 原因是什么？

    A. 好像天性如此　　　　　B. 受家庭教育的影响

    C. 受学校教育的影响　　　D. 受亲友同学的影响

E. 其他_____

26. 你是否在学校住宿？

    A. 小学时住过   B. 现在住校

    C. 从小学到现在都住校   D. 从未住过校

后　记

本调研报告系中国教育科学研究院 2012 年度基本科研业务费专项基金课题"中小学生实践能力研究"的成果。课题主持人：杨九诠。课题核心成员：陈晓东（负责"解决问题能力"维度的研究与撰稿）、杨莉娟（负责"自我管理能力"维度的研究与撰稿）、高峡（负责"沟通与合作能力"维度的研究与撰稿）、杨宝山（负责"工具使用能力"维度的研究与撰稿）、项纯（负责测评工具的研究及总论的撰稿）。高峡、项纯、马延伟于课题研究的总体构思，所付心力尤多。孙智昌、胡军、冯新瑞、马延伟参与了部分写作工作。上述人员及郝志军、张鹏举、王晓霞等，一并参与了问卷调查工作。项纯承担了本课题的统筹工作。我作为课题主持人，承担了课题开展的领导工作和研究报告的统稿工作。本调研报告是"中小学生实践能力研究课题组"各成员共同协作的集体成果。在课题开展过程中，课题组成员，尤其是核心成员，尽心尽责，体现了可敬的专业精神。在研究过程中，大家通力合作，相互支援，交流交锋交融，切磋琢磨砥砺，其间的情节细节、场景画面，将成为我们学术生活的美好记忆。在此，特向课题组全体同仁致谢和致敬。

本调查研究得到了中国教育科学研究院领导的悉心指导以及各研究中心专家的支持与帮助，同时还得到了 OECD 教育评价专家的指导以及北京市教育科学研究院测评专家的技术支持。在此，我们深表感谢！

"中小学生实践能力"是一项重大议题。对于这一议题，说说一般、一般说说，或者说说不一般、不一般说说，都还能庶几差可。但是要真真正正、实实在在予以理法之究、因缘之探、纲目之别、条缕之析，殊非易事。目前，我国相应的研究成果非常缺乏，可资借鉴的国际经验也都还是探索性的研究。如"工具使用能力"的研究，能查阅到的国内外有关文献可谓少之又少，只是在某些专业领域的工程及技术层面略有显现，而在教育领域尚无有价值的研究成果。所以说，本研究只能说是对"中小学生实践能力"这一议题的草创式的回应。作为草创式的回应，加之我们的学识和学力上的限度，本调研报告必定有这样那样的薄弱缺漏之处。对此，我作为总负责者，理应有所承应。当然，各部分研究任务是由核心成员相对独立担纲的，所以，作为课题组集体，我们愿意诚挚听取各方面的意见和建议，对这一议题做持续不懈的思考和探索。

关于"中小学生实践能力"这一议题的深入研究，谨借后记的机会，列出如下问题，既是对课题项目进一步推进的自我期待，也是以求同声，希望更多的人关心学生的实践能力，进行系统深入的理论研究、实证研究和实践研究。

其一，因为是研究的初级阶段，我们只是将研究的对象定位于初中学生。深入研究，必须下及小学、上达高中。本调研报告现在的量表是基于初中生的。对小学生和高中生如何做适切性的调整？

其二，因为是草创，我们没有在情况不明时贸然进入课程教学领域，而是着眼于一般性与普遍性，从跨学科的视角甚至超越学校教育的视角出发来建构评价指标的框架与体系。这一策略，我们认为在研究的初阶是适宜的。但是，"中小学生实践能力"研究必然要深入到课程教学中。一旦进入课程教学，该研究又会是什么样的景象？实践能力与学科知能，能否达成互为体用的关系，从而保持实践能力及其研究相对的独立性和独特性？实践能力是否会附骥尾于学科，成为学科教学的附加与修饰，从而使实践能力研究处在帮衬附和的尴尬地位？这一疑问，也是我们没有贸然进入课程教学领域的原因之一。

其三，同样也是因为草创，对学生实践能力的强弱与否缺乏可资研判的基点。因此，必须要思考：如何获取和累积大规模、代表性的数据，引得不同学段（学龄）的实践能力的当量，来建立中小学生实践能力的发展常模？进一步的，基于发展常模，是否可以寻找到实践能力的运行之迹，并有效地配置包括课程资源、教育方法在内的各类教育资源？

其四，实践能力，是人类知识默会维度的最重要的方面。作为"能力之知"和"亲知"，其运行之理到底是什么？其与明述知识（显性知识）的关系究竟是怎样的？我们怎样才能把握它？如果说"只可意会不可言传"，那么我们如何得以"意会"？我们的"意会"如何使实践能力的表现性评价可能与可信？是否可以和如何才能建立实践能力不同维度及其次一级指标的观察模型？

其五，马克思说："人的类特性恰恰就是自由的自觉的活动。"实践能力，是"人之为人"的因、"人之在世"的缘，我们应该对这因缘做怎样的沉思？实践能力无疑具有强烈的个人性，按照波兰尼的说法完全属于"个人知识"。那么，对每一个学生个体来说，"人之为人"的实践能力的禀赋，与"人之在世"的学校教育、环境影响、社会规制，是怎样的措置勾缀的关系？

"人劳绩着，诗意栖居在大地上。"这是一句因为海德格尔的称引而流传甚广的荷尔德林的诗句。在这里，"诗意栖居"与"劳绩着"是一体化的，构成了人的"现身情态"。"人劳绩着，诗意栖居在大地上"，也应该是实践能力的状态与境界。实践能力当然具有工具性，但它更是价值的。所以说，实践能力不仅仅限于狭义理解的能力，它还是智慧的、德性的，因而是人性的。在教育教学领域，实践能力应该发挥更加强劲的统领功能和统整功能。我们期待更多的人、更多的机构不懈努力，构筑实践能力的话语体系，发挥实践能力在育人领域应有的话语权。

杨九诠
2013 年 9 月 14 日识于杭州

出 版 人　所广一

责任编辑　何　艺

版式设计　贾艳凤

责任校对　贾静芳

责任印制　曲凤玲

图书在版编目（CIP）数据

初中生实践能力调研报告/中小学生实践能力研究
课题组著 . —北京：教育科学出版社，2014.6
　（国菁教育调研书系）
　ISBN 978 - 7 - 5041 - 8238 - 8

Ⅰ.①初…　Ⅱ.①中…　Ⅲ.①初中生—实践能力—调
查报告—中国　Ⅳ.①G632

中国版本图书馆 CIP 数据核字（2014）第 005321 号

初中生实践能力调研报告

CHUZHONGSHENG SHIJIAN NENGLI DIAOYAN BAOGAO

出版发行	**教育科学出版社**	
社　　址	北京・朝阳区安慧北里安园甲 9 号	市场部电话　010 - 64989009
邮　　编	100101	编辑部电话　010 - 64989363
传　　真	010 - 64891796	网　　址　http://www.esph.com.cn
经　　销	各地新华书店	
制　　作	北京金奥都图文制作中心	
印　　刷	保定市中画美凯印刷有限公司	
开　　本	169 毫米×239 毫米　16 开	版　　次　2014 年 6 月第 1 版
印　　张	12.25	印　　次　2014 年 6 月第 1 次印刷
字　　数	167 千	定　　价　39.00 元